# 地方創生の理論と実践
## ―地域活性化システム論―

橋本行史［編著］

創 成 社

# はしがき

　地域活性化には，100 の地域には 100 通り，1,000 の地域には 1,000 通りの方法があると言われる。しかし，それを言うだけで済ますことはできない。グローバル化による産業流出，高齢化と人口減少が全国に拡大し，地域の過疎衰退が構造化しつつあるからだ。地域をどのように立て直すか，その処方箋が緊急に求められている。

　グローバルに繰り広げられる厳しい市場競争の下で，減少する国内需要を海外で補完する仕組みを創り上げることは容易でない。また，企業誘致や大型開発によらない地域経済の活性化は，ともすれば小規模で広がりに欠くことが多い。そんな中，我々は，成功事例を類型化して地域活性化のためのノウハウを得たり，あるいは深い分析を通じて成功のためのノウホワイを探そうとする。しかし残念ながら，時，場所，人など，1 つとして同じ条件の地域はなく，学習成果がストレートに役立つことは少ない。

　それに加えて，地域の過疎衰退の長期化が予想される今，目指すべき地域活性とは何かという地域活性の哲学を明確に示すことも難しくなっている。条件不利地域では，産業振興や雇用確保どころか，買物や病院に通う交通手段を失って日常生活にも支障を来すようになり，最終的には住民間の見守りさえも困難な地域が増加している。これらの地域では「幸せ」の尺度を，物質的な豊かさや生活利便性の向上から，多様な価値観に対応した主観的幸福を含むものへの転換が迫られている。

　もちろん，難しい状況にあるからこそ，これまでに考えることができなかった枠組みで，新しい発想や工夫も生まれてくる。実際，そうして生み出される成功例も多く，地域活性化研究の奥深さを物語っている。

　また別の視点で見れば，地域活性化はそこに住む地域の人々の創意工夫や助け合いによるもので，国や地方自治体が指導する性質のものではないかもしれ

ない。仮にそうであるとしても，厳しい条件下，活性化に向けて頑張っている地域や人々の背中を押して支援する必要性は誰もが認めるであろう。

地域活性化は，大きな広がりを持つが故に，全体を体系化することは極めて困難である。したがって，「地域活性化システム論」は，事例分析を中心にして活性化のためのモデルを積み上げては崩し，積み上げては崩す，そうした仮説定立と検証の繰り返しの試みでもある。

本書は，2013年秋に，地域活性化に関係の深い研究者・実務家によって関西大学で行われた「地域活性化システム論」の講義を元にして作成された。激務の中，快く執筆を引き受けていただいた皆様に心より感謝を申し上げたい。

本書の構成は概ね3つに分かれる。総論部分に，日本経済と地域活性化（第1章），地域活性化と大学のありかた（第2章），地域経済の発展と経済理論（第3章）を配置し，次に政策部分に，観光立国の推進と地域活性化（第4章），日本の森林資源を活用した地域活性化論（第5章），地域活性に対する地域情報化施策の役割（第6章），地域の災害医療体制強化とドクターヘリ広域運用体制の確立（第7章），地域活性化と公的金融の役割（第8章）を配置し，最後に事例研究として，コミュニティバスと地域活性化（第9章），条件不利地域の活性化と農家レストラン（第10章），地域活性化に向けた有馬温泉の取り組み（第11章）を配置している。

採り上げているテーマは，幅広い地域活性化研究の中の極めて限定されたものであるが，本書が地域活性化に向けての理解や研究の第一歩となれば幸いである。

2014年12月

編　者

# 目　次

はしがき

## 第1章　日本経済と地域活性化 ―― 1
1．アベノミクスとマクロ経済 …… 1
2．アベノミクスと構造改革 …… 3
3．アベノミクスと財政再建 …… 6
4．アベノミクスをどう理解するか …… 8
5．地域活性化とは何か …… 10
6．地域活性化は現代的な課題 …… 12
7．地域の元気は現場から：特区〜地域活性化システム論 …… 15

## 第2章　地域活性化と大学のありかた―講座「地域活性化システム論」による『人財』育成を中心に― ―― 17
1．はじめに …… 17
2．「地域活性化システム論」とは？ …… 20
3．地域の活性化とは …… 21
4．待ったなしの地域力再構築 …… 23
5．地域活性化手法の変化―国家主導から自主・自立・自考へ …… 24
6．地域を活性化させるもの―『人財』 …… 26
7．人々が豊かに暮らせる世の中を目指して―地域活性化の目指すもの …… 29

8．なぜ大学なのか―公共空間としての大学に期待される役割も
　　　　含めて ………………………………………………………… 31
　　9．地域活性化に取り組む大学の取るべき姿勢
　　　　―地域活性化システム論の展開を中心に ………………… 33

## 第3章　地域経済の発展と経済理論 ─────────── 37
　　1．はじめに …………………………………………………… 37
　　2．問題の所在 ………………………………………………… 38
　　3．近代経済学理論に基づいた地域経済論の概要 ………… 39
　　4．政策金融実例と地域経済の関係（具体例） …………… 44
　　5．結　語 ……………………………………………………… 48

## 第4章　観光立国の推進と地域活性化 ─────────── 53
　　1．観光立国の意義と経緯 …………………………………… 53
　　2．日本経済再興プランと観光立国の推進のための
　　　　アクション・プログラム ………………………………… 58
　　3．観光交流と地域活性化 …………………………………… 62

## 第5章　日本の森林資源を活用した地域活性化論
　　　　―森林・林業の状況と林業の成長産業化へ― ─── 69
　　1．はじめに …………………………………………………… 69
　　2．世界で減る森林，日本で増える森林 …………………… 69
　　3．木材の効用 ………………………………………………… 73
　　4．木材の活用（建築物，住宅） …………………………… 74
　　5．木材の活用（木質バイオマス） ………………………… 75
　　6．木材の利用（新たな動き） ……………………………… 78
　　7．森林の効用 ………………………………………………… 79
　　8．林業・森林整備の方向 …………………………………… 80
　　9．地域で何から取り組むべきか …………………………… 82

10. おわりに ………………………………………………82

## 第 6 章　地域活性に対する地域情報化施策の役割 ──── 85
1. はじめに ………………………………………………85
2. 地域情報化と地域 ……………………………………86
3. 情報化の概念整理 ……………………………………87
4. 地域情報化 ……………………………………………94
5. 地域活性を目的とした情報化施策の評価 …………100
6. まとめ …………………………………………………104
補遺：行政が関与する地域 SNS の現状 ………………………106

## 第 7 章　地域の災害医療体制強化とドクターヘリ
## 広域運用体制の確立 ──────────────115
1. 救急医療用ヘリコプターの導入促進 ………………115
2. 救急医療用ヘリコプターの配備推進と運用管理 …116
3. 地域の災害医療対策とドクターヘリの活用 ………122
4. 地域の救急医療用ヘリコプター連携・協力システムの構築
 ……………………………………………………………124
5. ドクターヘリ事業の将来における展開と課題 ……130

## 第 8 章　地域活性化と公的金融の役割 ────────133
1. 金融とは？ ……………………………………………133
2. 地域活性化と金融〜金融の加速，増幅効果 ………134
3. 日本政策金融公庫について …………………………135
4. 民間金融機関と日本公庫の比較〜財務面から ……136
5. 日本公庫国民生活事業で力を入れている事業分野 ……140

## 第 9 章 コミュニティバスと地域活性化 ―― 145
1．はじめに ………………………………………………… 145
2．地域交通におけるコミュニティバスの位置づけ ……… 146
3．神戸市の2つのケース ………………………………… 155
4．コミュニティバス成立条件とその課題 ……………… 159

## 第 10 章 条件不利地域の活性化と農家レストラン ―― 165
1．問題の背景 ……………………………………………… 165
2．研究目的と研究方法 …………………………………… 166
3．条件不利地域の意義と将来ビジョン ………………… 168
4．農家レストランと地域活性化 ………………………… 170
5．夕張周辺の農家レストラン …………………………… 172
6．発見事実 ………………………………………………… 179
7．結論と展望 ……………………………………………… 180

## 第 11 章 地域活性化に向けた有馬温泉の取り組み ―― 185
1．地域のマスタープラン ………………………………… 185
2．15年後の有馬温泉のアイデンティティー …………… 185
3．温泉を巡る環境変化 …………………………………… 189
4．阪神淡路大震災からの復興 …………………………… 192
5．旅館共同組合，観光協会等の取り組み ……………… 194
6．まちづくり ……………………………………………… 198
7．有馬八助商店 …………………………………………… 201
8．課題と展望 ……………………………………………… 205

索　引　209

# 第1章　日本経済と地域活性化

　日本経済は，バブル経済の崩壊後，不良債権問題やアジア通貨危機などのショックにも見舞われ，過去20年近くにわたって，一時的な回復はあったものの本格的なデフレ脱却には至らなかった。こうした経済の長期低迷が，特に地域経済には大きな影響を及ぼしてきた。

　本章では，まず，最近のマクロ経済・経済政策の動向について，久しぶりのデフレ脱却に向けた動きを牽引しているいわゆるアベノミクスの展開とその課題に関してみていくこととする。

　次に，地域活性化とは何なのか，なぜ，地域活性化が現代において大きな課題となっているのかについて論じていく。

　最後に，地域活性化に向けた政府の取り組みとして，現場からの発想を取り入れた政策が小泉政権下の構造改革以降，多様に展開されてきている。こうした政策展開を簡単に振り返ってみることで，地域活性化システム論の開講経緯についても触れることとしたい。

## 1. アベノミクスとマクロ経済

　アベノミクスという言葉が，2013年の国際会議では頻繁に聞かれた。日本経済の久しぶりの回復を牽引した安倍内閣の経済財政政策のことであるが，これまでの政策と何が変わったのか見てみよう。

　まず，経済状況の変化を数字で追うと，2012年7-9月の実質GDP成長率はマイナス3.5％で大幅なマイナスだった。2012年末に向けて景気の底割れが懸念されたものの，安倍内閣発足後，1-3月期が5.3％，4-6月期が2.9％の伸びであり，急速な回復を示している。2013年度の実質成長率をみても，

図表1-1　最近の経済成長率の推移

（注）内閣府ウェブサイトSNA統計から著者が作成。
　　　横軸は1995年度〜2013年度。

2.3％と久しぶりに潜在成長力以上の成長を実現した。特に，名目成長率でみると1.9％の成長率は，何と1996年の2.2％を記録して以来17年ぶりの高い経済成長であった。もちろん，これには2014年4月からの消費税の8％への引き上げを前にした駆け込み需要分が含まれており，その分は割り引かなければならない。これは比較対象となる1996年についてもいえることで，97年4月は皮肉にも消費税の5％への引き上げが行われた時期であった（図表1-1）。

アベノミクスの景気刺激効果に関しては，最初に金融緩和というメッセージが発信されたことで，特に資本市場を中心に景況感が高まったことの効果が大きかったと考えられる。日経平均株価指数は，2012年11月の安値8,600円台から2013年12月の高値16,300円台へとほぼ倍増した。景況感の改善から多くの企業で久々のベースアップが実現し，連合の調査によると，2014年の春闘では平均2％を超える賃上げが実現し，有効求人倍率についても14年4月まで17カ月連続で上昇し，1.08と7年9カ月ぶりの高水準にある（図表1-2）。

政策の中身についてみると，「第一の矢」は「大胆な金融政策」で，国の後押しもあって，日銀が2％のインフレターゲットを設定して，通貨供給量を増

図表1-2 完全失業率・新規求人倍率・有効求人倍率

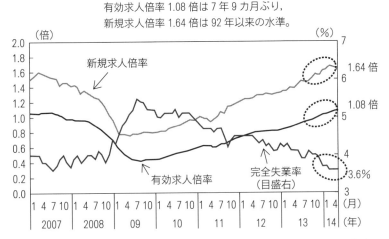

(注) 1. 厚生労働省「職業安定業務統計」,総務省「労働力調査」により作成。
　　 2. 数値はいずれも季節調整値。

やし,国債購入を増額した。「第二の矢」が「機動的な財政出動」で,まず13兆円の景気対策であり,その後,消費税増税による反動対策として5兆円強の景気対策を追加している。これで,当面,短期的には金融と財政の両面から緩和策をとり,景気を刺激したわけである。しかし,これは短期の需要面に着目した裁量的景気対策で需要を刺激しているだけで,実物経済面も含めた本当の成長につながらないという意見もある。

## 2．アベノミクスと構造改革

そこで,アベノミクスにおける「第三の矢」として,生産面での底上げを図る新たな成長戦略として「日本再興戦略」が13年の夏に策定され,14年には改訂された。これは,これまでのデフレ経済下で冷え切った人心を温め,将来への期待を高め,さらに実際の投資行動や生産力拡大に結びつける政策体系だ。
このためには,民間の潜在力を引き出すために各種の仕掛けが作られてきて

いる。まず，大胆な規制・制度改革，思いきった投資減税により企業の投資を促し，民間活力を最大限に発揮することである。次には，潜在的な能力のさらなる発揮が期待される，女性・若者・高齢者等がそれぞれの個性を発揮して活躍するための環境整備である。三番目には，世界最速の高齢化など多くの課題を抱える「課題先進国」日本が，これらへの解決策を提示し，新たな市場を創出することで「課題解決先進国」となることである。最後に，TPP や日欧 EPA を通じた国際的な貿易投資の自由化，日本企業の世界進出や対内直接投資の拡大など世界経済との統合を強化し，世界の中で輝く国を目指すことである。

## 2.1 投資の促進

具体的には，投資促進のために，復興特別法人税の一年前倒しの廃止，国際的な水準への法人税の引き下げを目指すことなどで，日本の投資環境を改善することである。産業競争力強化法では，先端的設備投資のための減税を使いやすくし，地方での起業促進のための支援措置なども拡充している。中小企業の事業者が長年苦しんできた個人保証の慣行についての見直しも行われた。経営者保証に関するガイドラインが策定され，一定の条件を満たせば，資金調達の際に経営者の個人保証が求められず，債務整理の際にも一定の資産が手元に残せる環境が整備された。

## 2.2 人材の活用

潜在的な人材活用に関しては，働きたくても子育てのために働けない女性の就職を支援するため，待機児童解消加速化プランが策定された。消費税増税による財源も活用して，2014 年度末には 20 万人分，2017 年度末までには 40 万人分の受け皿を用意して待機児童ゼロを目指している。横浜市などの先進的な取り組みを全国の自治体に広げる規制改革も行われている。さらに，税制面での働き方に中立的な改革に向けた議論が進行している。若者がグローバルに活躍する環境整備のために，「トビタテ！ 留学 JAPAN 日本代表プログラム」が 26 年度から開始された。また，留学の障害とされてきた早すぎる就活につ

いては，経団連の協力を得て，2016 年 4 月就職予定の学生から面接開始時期解禁日が 4 年生の 8 月以降とされた。一方で，国内労働力人口の減少に対して海外から優秀な人材の流入を促進する制度も拡充されている。高度な専門性を有する外国人の在留のためのポイント制度の改善・拡充，特に建設分野に関しては，建設技術者の不足に対応した外国人技能実習制度の期間延長措置が取られた。一部産業での人手不足には，労働需給のミスマッチ，労働力の流動性不足が背景にある。失業なき労働移動を実現するために，中長期的なキャリアパス構築を支援する教育訓練給付の拡充やハローワーク求人情報の民間職業紹介事業者への情報共有などを進めている。併せて，労働者派遣制度の見直し，ジョブ型正社員の普及促進，パートタイムの処遇改善などを進めている。労働時間規制に関する規制改革に関しても議論が進展しつつある。

## 2.3 新たな市場の創出

課題解決先進国を目指す政策としては，超高齢化が進む日本が健康長寿で世界を牽引するために，世界に誇る国民皆保険制度をさらに改善・充実させる改革が進行している。一般医薬品をインターネットで購入するための規制改革，先端医療，特に iPS 細胞で注目を集める再生医療の推進のための制度の拡充，新たな保険外併用療養制度として「患者申し出診療制度」の新設，先進医療の評価への外部評価スキーム導入，医療機器の民間認証の拡大，医薬品医療機器機構（PMDA）の体制強化を進めている。

農業政策についても，これまでの政策が兼業零細農業の温存に重点がおかれ，若者の農業離れと耕作放棄地の拡大が産業としての農業の存立を危うくしていることから抜本的な改革が行われることとなった。農地の集約，大規模化のために農地中間管理機構が創設され，異業種や域外からの新規就農の促進が図られることとなっている。また，農業委員会の選任制への移行，農業生産法人への民間企業の出資規制の緩和，農協改革など，戦後以来の大改革が進む。

「電力システム改革」に関しても，小売りの自由化により消費者が電力会社を選べる仕組みの構築，高効率石炭火力設備への大幅な規制緩和が進められている。

## 2.4 グローバル化への対応

　最後に，グローバル化に対応して世界経済との統合を強化する政策としては，訪日外国人の拡大を進めている。2013年に初の1,000万人突破を実現した訪日外国人を，東京オリンピック・パラリンピック開催の2020年には倍増し2,000万人にすることを目標とする。1,000万人目の訪日外国人はタイからの観光客であったが，ASEAN諸国等10カ国の訪日ビザの要件緩和が大きく奏功している。特にビザなし短期観光が解禁されたタイ人観光客は，2014年第一4半期で前年比70％増と絶好調が続いている。訪日外国客のショッピングの便宜を図る免税範囲の拡大も行われており，消費税引き上げ後の消費の落ち込みを補うのに外国人観光客の消費拡大が一役買っている。

　企業活動の国境の壁を無くすため，TPPはじめ，東アジア16カ国・日中韓・日EU等の間で，グローバルな経済活動のベースとなる経済連携を推進している。これにより，FTA（自由貿易協定）締結国との貿易額比率を現在の19％から2018年までに70％に高める。

　日本の誇る信頼性の高いインフラの輸出についても，総理のトップセールスなどにより2013年の受注実績で前年比3倍と急拡大している。これにはインフラ輸出機構の創設や貿易保険の拡大も大いに役立っている。

　日本食やアニメなどの日本文化の海外での人気は大いに高まっており，親日感の醸成に役立っている。こうした日本のソフトパワーを政策的にも後押しするために，クールジャパン機構が創設された（図表1-3）。

## 3．アベノミクスと財政再建

　景気対策や成長戦略の実施と同時に，財政再建も現在の日本経済が抱える最重要の課題である。課税ベースを広げ，直間比率の是正にも資する消費税の引き上げはその柱となる政策である。2014年4月から消費税率は予定通り8％に引き上げられ，今のところ駆け込み需要の反動も想定の範囲内で推移している。97年4月に3％から5％に消費税を上げた際，その翌年にアジア通貨危機が発生し，その連鎖の影響もあって，日本経済は結果的に消費税の反動から

第 1 章　日本経済と地域活性化 | 7

図表 1－3　「日本再興戦略」改訂 2014 の概要

**改訂の基本的考え方**

- この1年間、「3本の矢」によってもたらされた変化を一過性のものに終わらせず、経済の好循環を引き続き回転させていく。
- そのため、日本の「稼ぐ力」＝「収益力」を強化し、「日本再興戦略」で残された課題（働き方、医療、農業等）にも対応。
- デフレ状況から脱却しつつある今であるからこそチャンス。企業経営者や国民一人一人に、具体的行動を促していく。

## 日本の「稼ぐ力」を取り戻す

### 改革に向けての 10 の挑戦

**「国を変える」**

① 「企業が変わる」～「稼ぐ力」の強化
  - 《コーポレートガバナンスの強化》
  - コーポレートガバナンス・コードの策定
② 《公的・準公的資金の運用の在り方の見直し》
  - GPIFの基本ポートフォリオ、ガバナンス体制の見直し
③ 《産業の新陳代謝とベンチャーの加速、成長資金の供給促進》
  - 大企業を巻き込んだベンチャーの参入促進、政府調達の活用、IT化等の促進

④ 《成長志向型の法人税改革》
  - 数年で法人実効税率を20%台まで引き下げることを目指す
⑤ 《イノベーションの推進とロボット革命》
  - 革新的な技術からビジネスを生み出すナショナルシステム
  - ロボットによる産業社会課題の解決と新たな産業革命

## 担い手を生み出す～女性の活躍促進と働き方改革

⑥ 女性の更なる活躍促進
  - 学童保育等の拡充
  - 女性就労に中立的な税・社会保障制度の実現

⑦ 働き方の改革
  - 働き過ぎ防止のための取組強化
  - 時間ではなく成果で評価される制度への改革
  - 多様な正社員の普及・拡大
  - 予見可能性の高い紛争解決システムの構築

⑧ 外国人材の活用
  - 外国人技能実習制度の見直し
  - 製造業における受入れと女子など従業員受入れ
  - 建設における参考人材の受入れ
  - 介護分野における外国人留学生の活用

## 新たな成長エンジンと地域の支え手となる産業の育成

⑨ 攻めの農林水産業の展開
  - 農業委員会・農業生産法人・農業協同組合の一体的改革
  - 農産物流通チャネルの多様化
  - 国内外のバリューチェーンの連結（6次産業化、輸出の促進）

⑩ 健康産業の活性化と質の高いヘルスケアサービスの提供
  - 非営利ホールディングカンパニー型法人制度（仮）の創設
  - 個人の健康・予防インセンティブの付与
  - 保険外併用療養制度の大幅拡大

## 感度の成長の全国波及

地域の経済構造改革
  - 都市機能の産業・雇用の集約・集積ネットワーク
  - 東京への人口流出の抑制
  - 司令塔となる本部の設置、政府一体の推進体制の構築

## 更なる成長に向けた対応 ⇒ 実現し進化する戦略／経済好循環のための取組の継続／改革への取組み等（国家戦略特区の強化等）

地域活性化／中堅・中小企業・小規模事業者の革新
  - 地域活性化施策をワンパッケージで実現するプラットフォームの構築
  - 中堅・中小企業・小規模事業者によるふるさと名物応援とブランドの育成
  - 地域くるみの農業の6次産業化、魅力ある観光地域づくり
  - PPP/PFIを活用したインフラ運営の実現

出所：首相官邸HP（www.kantei.go.jp/jp/singi/keizaisaisei/pdf/10challenge01gaiyoJP.pdf）

大変な長期不況に陥ってしまった。今回は，その反省を踏まえて，景気対策で反動減を補い，特に「住宅取得等に係る給付措置」，「(自動車の)車体課税の見直し」などにより，消費税の影響をスムーズにする対策を講じている。

## 4．アベノミクスをどう理解するか

ここまでは，政府の公式見解であるが，以下は著者のアベノミクスへの個人的な解釈である。基本的にすべてが良い政策というものはない。薬と同様に，経済政策には必ず副作用がある。アベノミクスでは「政府・日銀の目標の共有によるインフレターゲットの明示とコミットメント」ということで，2％のインフレを目指すと明示した。そのために日銀は，通貨供給量を大幅に拡大した。「短期的に柔軟な裁量的な財政政策の採用と中長期的な財政再建目標」ということで，公的な需要補填を行った。そして，「成長戦略策定による日本経済の潜在成長力の拡大」ということで，さまざまな構造改革を実行する。その実現の場としては，「日本経済再生本部」，「産業競争力会議」という新たな会議を設け，その発足と同時に「経済財政諮問会議」，「規制改革会議」を復活させ，前政権の下で停滞していた構造改革を一挙に推し進めようとしている。

市場経済の中で，通貨供給量が増えるとインフレになるのは当たり前のことである。しかし，それが実体経済にどういう影響を与えるのかというのはなかなか予測が難しい。つまり，通貨供給量を増やし，円安にして，インフレを起こせば，すべて解決するのに，どうしてこれまでそれをやらなかったのかという問題である。これは，昔から良くあるたとえ話の北風と太陽の話に似ている。旅人のコートを脱がせたいが，旅人は厚着をして肥満，しかも脆弱になっている。もっと健康体にしようと，北風を吹かせ，鍛えろ，体力を増強しろ，そうすれば健康になると厳しく迫ってきたのがこれまでの日本の経済政策である。しかし，構造改革で生産性を上げるように努力すればするほどデフレは悪化した。皆努力はしたが，厳寒の嵐の中で弱った体力は消耗し，皆へとへとになってしまう。そういうことをやり過ぎて，後ろ向きになり暗くなっていたのが日本経済である。

それに対して，今回のリフレ政策というのは，太陽政策にたとえられよう。太陽が照り，景気が良くなり，物価が上がりだしたら，企業・消費者ともにコートを脱いで活発になる。インフレにすると，通貨供給が増え，消費も増え，それで経済活動も活発になる。その中で，生産性が上がるような産業構造の転換などがうまく起これば大成功である。株式相場が上昇した，為替レートが円高修正した，不動産市場への資金流入といったメカニズムは，大胆な金融緩和予測と景気対策による公的需要の増加によりもたらされた。インフレにより名目成長率が上がり，低金利の継続期待があれば，実質金利は将来マイナスになるので，借りた方が得，今使った方が得となる。貿易赤字が拡大するから円安になるので，輸出企業の収益が改善して，輸出・海外生産中心の大企業の収益見込みは改善する。将来インフレになるだろうということで，企業のバランスシートも資産が膨らみ，改善する。これまではキャッシュフローでいくら稼いでも資産価格が下がっていたので，特別損失を補てんするために貯蓄をしてきた。日本企業のバランスシート上，貯蓄が非常に増えた一因はここにあり，インフレによってそれを解消することで，結果的に設備投資が増大すればアベノミクスは成功したということである。

　しかし，太陽政策にも懸念はある。名目成長率が上昇しても低金利が併存するのか。日銀が国債を買い続けるから低金利は継続すると高を括っていられるのか。日銀のバランスシートは大丈夫なのか。海外のファンドからすれば，これは投機のチャンスになるのではないか。著者はアジア通貨危機後にタイ政府の顧問をしていたが，金融政策上の矛盾は海外の投資ファンドにとってはこれ以上の投資機会はないということも肝に銘じている。タイは，80年代後半〜90年代に工業化に成功したが，事実上のドルペッグ下での金融引締めが海外からの短期資金の過剰流入を招き，ファンドの攻撃対象とされた。

　日本の状況はタイとは違うとはいえ，今のように日銀が通貨供給量を増加させて国債を買い続けるということは，永遠に持続可能ではない。太陽政策で体力が増強し，税収が上がるので財政問題も安定化するという期待から，持続可能性が今のところは信じられている。しかし，その持続可能性がないと疑われた途端にバブルとハイパーインフレが生じる恐れはある。そうなると長期金利

が上昇, 国債が暴落し, 金融機関のバランスシートが毀損するなど取り返しのつかないことになる。戦後の日本や戦間期のドイツでは実際起こったことである。また, 構造改革政策により日本経済の潜在成長率が回復するかという問題もある。需給ギャップが縮小しても, 日本経済の将来の成長性に対する信頼感が戻らなければ, 結局, 企業は海外にしか投資しない。そうなれば, 雇用の質も思ったほど改善せず, スタグフレーション的な状況が現出する恐れもある。

以上をまとめると, 現在の政府の経済政策は太陽政策であり, これまでのデフレ下での北風政策の失敗の中で, もう1つの選択肢として浮上してきたものである。これまで我慢に我慢を続けてきた国民も, 節約, 生活水準の切り詰めは, これ以上続けられない。何とか別の復活策はないものかと切望していた。太陽政策に転換して, 消費を増やして, 景気が良い間に企業も政府もダイエットをし, 体質改善・体力増強すれば, 税収も上がり財政再建の糸口も同時に見えてくるのではないか。一方, 下手をするとスタグフレーションや, 円が暴落してハイパーインフレになる懸念も当然ある。その懸念をうまく回避しながら, どううまく日本経済の再興を実現するのか, これは現在の政府が担う重大な責任である。

## 5. 地域活性化とは何か

次に地域活性化の問題に話題を転じよう。地域活性化の目的はさまざまに論じられるが, その目的の多様性を理解しておかないと, 意見が対立してまとまらないことがある。例えば, 地域の1人当たりの所得水準が上がれば, 地域活性化したといえるか。基本的にそれを目的としても, それ以外の要素も考慮する必要はあるのではないか。地域活性化で地産地消の推進はよくあるメニューである。なるべく有機野菜で安全な食を提供し, 安心して生活ができることが地域活性化につながるという考えである。時には, 域外から流入する外資への敵意などもある。地域活性化には, このようにさまざまな視点がある。

私が考えるところ, 地域活性化には2つの座標軸があり, それを混同してしまうと意見が食い違うことが起こってしまう。意見の食い違いは, 双方の関係

が整理されていないからではないか。ここでは地域活性化の2つの座標軸から整理することとしたい。1つの座標軸は経済面で，1人当たりの所得水準である。1人当たりのGross Regional Product（地域総生産）を増やすことである。もう一方は，社会面で，安全・安心で，皆にこにこして元気に幸せになることである。例えば，ブータンの王様が来日した際に，ブータンはGross National Happiness（国民総幸福）を最大化することを目標としていると発言された。ブータンの国家目標とそのための政策は世界でも注目されており，OECDでも取り上げている（図表1－4）。

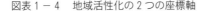
図表1－4　地域活性化の2つの座標軸

確かに，古よりお金だけでは幸せは買えないというのは真実と認識されてきた。金銭で測りきれない善があり，それは人々のつながり，安全安心，居心地の良さといったことなどが含まれよう。著者は90年代初頭のタイに長期間赴任したが，タイの美しい農村では，地元の物を食べて，皆がストレスなくにこにこして暮らしている。工業化された日本のような国から開発途上国の田舎に行くと，そのような先進国にない幸せを感じる。

つまり，幸せには経済的な側面と社会的な側面があり，意見が食い違うのは人によってこのバランスの取り方が異なるためである。一方は，工業誘致することで，雇用を増やし生産性を上げて給料を上げることが重要と考える。もう一方は，自然に囲まれて幸せに暮らしているから，公害を出す企業に来てもらうのは困ると考える。これは日本でも高度成長期によく生じた開発対環境論争であるが，地域活性化でも典型的な対立点となる。

もう1つ地域活性化で対立点となるのは，東京などの大都市と地方の間の問題である。例えば，地域の活性化のために，東京一極集中を是正し，地方にい

ろいろなものを持って来いという考えである。特に，2020年東京オリンピック開催が決まったことで，ますます東京一極集中が加速すると地方から懸念が表明されている。インフラ整備も，世界からの関心も東京に集中するとの懸念である。つまり地域活性化というのは，地方と大都市との所得水準の格差を是正するための政策という1つの考え方がある。

しかし，東京にも地域活性化の課題はある。例えば，豊島区の旧朝日中学校が廃校になったので，その跡地を地元の子どもたちとアーティストの交流の拠点にするという地域活性化事業がある。大都市では地域コミュニティの脆弱化が生じており，その改善は都市部の地域活性化の大きな課題である。

このように地域活性化の目標は，経済面，社会面など多様であり，都市と地方の分配の問題を指すこともあれば，大都市のコミュニティの課題を指すこともある。地域活性化の課題は多面的であり，多様な見方が必要である。

## 6．地域活性化は現代的な課題

日本は，80年代にはOECDの中でも所得水準がトップクラスに上がり，大いに豊かになった。それはどうしてだろうか。日本がこれだけ豊かになったのは，明治維新以降の近代化政策，工業化政策の成功によるものというのが一般的な見方である。19世紀から20世紀前半にかけて，アジアは欧米諸国の植民地となったが，日本は独立を通し，明治維新以降，急速に近代化に成功した。欧米の科学技術を導入し，殖産興業，富国強兵策を取った。例えば，石川県の伝統産業である九谷焼は，明治期に殖産興業策の下で大いに発展し，パリの万博に出品され人気を博した製品である。現在，伝統工芸といっているものには，明治期の殖産興業で大いに発展したものがたくさんある。その後，不幸にも太平洋戦争に突入し，敗戦を迎えるが，敗戦後も世界を驚かす復興，高度経済成長を実現した。一貫していることは，日本は，アジアで初めて工業化に成功した国，近代化に成功した国であることである。

日本が工業国に仲間入りし近代化したときは，限られた国しか工業化を実現していなかった。工業化は，機械と化石燃料利用の動力によって飛躍的に生産

性を向上させたため，これまで他国が手作業でやっていた何十倍，何百倍もの生産性を実現した。工業製品は，農産物や鉱物資源に対して有利に売れた。したがって，工業化を遂げた国の所得水準は急上昇した。日本は，その時代に工業化に成功しているが，アジアの他国はまだ工業化していなかった。世界人口が16億人程度の時（1900年頃の推計）に，ヨーロッパは4億程度，アメリカは1.5億程度，そして日本は4千万程度と，世界人口の3分の1の国でしか工業化に成功していなかった。したがって，他国の農産物やエネルギー資源に対して工業品は非常に高く売れた。それが工業化した国の所得水準が上がった根本原因である。

今，そこに何が起こっているかというと，日本が工業化に成功し，アジアの工業化に，日本の企業が技術や資本を提供した。工業化は，アジアNIEs，ASEAN，中国沿海部へと広がり，さらにインド，ブラジルと，世界中で多くの人口を抱えている国々が工業化に成功した。そうなると，先進国は空洞化する。規格大量生産型製造業は，コストが安い海外に転出する。受け入れ側の新興国では輸出指向型工業化により，ある程度所得水準は上昇する。しかし，その上がり方は，日本の時ほど急速ではない。なぜかというと，工業製品が安くなったからである。ユニクロの衣料，100円ショップの日用雑貨，ニトリの家具，規格大量生産できる工業製品の値段が驚くほど安くなった例には事欠かない。一方で，農産物の価格，エネルギー価格は世界的に上がってきている。交易条件は，工業品が下がり，農産物や水産物や鉱物資源が上がった。工業化が全世界を覆った現代経済の現実である。

日本は，産業空洞化が深刻化し，地域産業をどう興して，雇用を創出していくかという問題に直面している。これまで日本では，近代化の過程で都市に工業が興り，そこに農村からの余剰労働力が移動して，国全体の所得水準が上がった。地域においては，工場を誘致することが所得水準の向上に役立つ単純な構造だった。ところが現代においては，製造業のグローバル化によって，先進国は脱工業化している。金融，ITや知的所有権などが先進国の成長の原動力へと変化している。堺屋太一氏は，それを知価社会（知識が価値を創造する社会）と呼んでいる。そうすると，これまでのような工場誘致によって，地域経済を

活性化することが難しくなる。その中で、どうやって地域経済の付加価値を創造していくか、そしてグローバルに競争していくかが大きな課題になる。それが現代の地域経済の課題である。

次に社会的な問題、コミュニティ（地域共同体）の課題である。近代化・工業化、遡って貨幣経済の成立前の社会では、人々は村落共同体を中心に互酬的にモノやサービスのやり取りを行い、生活してきた。現代においても、共同体の中では貨幣によらない互酬的な関係性を維持してきており、例えば、冠婚葬祭、育児、介護などは、家族や村落共同体の中で非貨幣的に運営されている。ところが貨幣経済の浸透力は強力であり、まずは共同体と共同体における取引から始まり、それが徐々に共同体の中にも入り込んできた。貨幣経済によって、互酬的な関係性は、村落共同体、さらには家族共同体の中ですらどんどん希薄化してきている。

孤族という言葉が、この20年ぐらいで使われるようになってきた。1人1人が個人の利益中心の生活を送り、その他の人とは市場経済上の貨幣取引ばかりである社会となってきている。冠婚葬祭が一番わかりやすいので例にとると、昔は、村で人が亡くなると、皆で手伝いに行き、葬式を行ってきた。しかし、今や葬式も専門業者にお金を払ってやってもらう。これまでであれば、愛情、友情、地域の縁でつながり、貨幣を使わずにやってきたことを、今では、お金を通じて市場経済の中で解決しようとしている。それにより何が生じているかというと、人々の絆とコミュニティの基にある愛情、友情や地縁が失われていく。その中で、子供たちはどうやって人格形成していくのか。どうやって、絆や愛情、地縁を理解するのか。現代社会ではそういうことが難しくなってきている。

このように、グローバルな工業化の進展と市場経済によるコミュニティの破壊、双方が地域活性化を極めて現代的な課題としているのである。現代社会においては、いかに地域の生業とコミュニティを再生するかが重要である。孤立した市民が、もう一度新しい絆を結び直そうということで、新たな公が求められている。また、地域資源を活用して、内発的な地域活性化を実現させていくために、地域における新たな生業づくりが求められている。

## 7．地域の元気は現場から：特区〜地域活性化システム論

　これまでの政策形成の常識は，昨今，大きく転換している。特に特区や地域再生により，これまでの中央主権から地域主権に政策形成の発想の転換がみられる。

　政策形成の主体は「国家主導」から「地域主導」に変わる。そして「行政主導」が「市民主導」に変わる。「全国一律」から「地域の個性重視」，そして「加工立国」から「観光サービス」とか「文化輸出」とか，産業の重点が変わってきている。「若者，ばか者，よそ者が元気を作る時代」が到来している。

　その代表的な政策手法として特区がある。小泉政権で規制緩和の実証実験として導入された「構造改革特区制度」であるが，その後，民主党政権における「総合特区制度」，安倍政権における「国家戦略特区」と内容的な変遷がみられる。このように特区はいろいろと変遷しているが，基本は「地域発の政策提案による規制緩和の実験」という発想に重要な特徴がある。これは，地域から規制緩和の提案を出し，特定地域における実験的な規制緩和をする。そして，うまくいけば全国に広げようということである。その結果，元祖構造改革特区による成果だけで，2013年の時点で600以上の規制改革が実現しており，同年度末で特区計画も1,218地域認定されている。また，多くの規制緩和が全国化された。

　具体的にどのような特区があるのか，「日本のふるさと再生特区」が一番わかりやすい例なので簡単に紹介する。岩手県の遠野市では，どぶろくの製造免許の要件緩和の特例が認められ，農家民宿などグリーンツーリズムとも連動して町おこしを行っている。どぶろくの製造は，密造酒なので禁止されてきたが，構造改革特区の規制緩和では，酒造製造免許となる6キロリットルの最低醸造量という酒税法上の制限を緩和することで，これを合法化したものである。これによって，みずからの田んぼで作ったお米で，どぶろくを造り，それを販売しつつ，他の特区と併せて農家民宿なども行うことができる。最初の特区導入ということからニュース等で取り上げられた広報効果も手伝い，観光振興に大

きな成果を挙げたのが岩手県の遠野市で，このどぶろく特区は，その後，全国各地に広がった。

　特区というのは，規制緩和だけでやったので支援策がなかった。その後，補助金改革の一環として道路，港湾，汚水処理の地域再生基盤強化交付金，競争的な補助メニューを支援策として提供する地域再生法ができた。競争的な環境の中で，いい提案をすれば，事業スタートアップの補助などを行う。地域活性化システム論[1]の講座でも，そういう競争的な補助金を目標に地域活性化のための事業提案や活性化策を考えることが，1つの動機となっている。

　それ以外にも「地域活性化」に関してはさまざまな政策が関与しており，地域活性化統合事務局に一元化されている政策だけでも，中心市街地活性化，都市再生，環境モデル都市・環境未来都市，産業遺産の世界遺産登録といった政策メニューが並んでいる。また，地域の現場から政策提言をする際に，大学というのは，どこの地域においてもアイデアと実践の拠点として重要である。平成18年に，北陸先端科学技術大学院大学で地域活性化システム論が始まり，その後，全国に広がり，現在は約30の大学で同様の講座が開設されてきている。また，これらの大学などが中心となって，平成20年には地域活性学会が発足して，地域活性化のための知恵の創出拠点となっている。

【注】

1）地域活性化システム論は，地域の活性化を実践するために役立つ政策を学び，実践する講座。http://www.chiiki-info.go.jp/local/system/
http://www.esri.go.jp/jp/prj/hou/hou061/hou061.html

# 第2章 地域活性化と大学のありかた
― 講座「地域活性化システム論」
　　による『人財』育成を中心に―

## 1．はじめに

　地域の活性化が叫ばれるようになって，かなりの時がたつ。この「地域活性化」という用語は，今では当たり前のように受け入れられている感がする。とはいえ，「地域を活性化する」という言い回しがされるようになったのは，そんなに昔のことではない。

　むろん，どの時代にも中央に対する地方，あるいは大きな区域の中の一部分である地域は，さまざまな課題を抱えてきた。それらの課題に対して，それぞれの時代にさまざまな対応がなされてきたことは歴史が語っている。

　戦後の復興期には，地域間格差是正のために「国土の均衡ある発展」という旗印のもとで各種の「振興策」が政府の施策として実施された。また，人口の大都市集中に伴って発生した過密・過疎現象に対応し，地域課題としての「過疎対策」に巨額の資金が投入されてきたことも周知のとおりである。

　思うに，戦後の復興期からバブル経済が崩壊する1990年代初めごろまでは，地域課題に対応したさまざまな施策が実施されてきたことは違いないが，それは政府中心の地域振興策の展開であった。裏返せば，地域に，あるいは地方の行政主体，さらには地域の活動団体にみずから地域づくりを実行していくだけの財政力，活動力さらには組織力が備わっていなかったというのが実情だったのかもしれない。

　国民各層がこの世の春を謳歌したバブル経済が崩壊し，失われた20年と言われるわが国社会にとって厳しい時代になるころから，「まちづくり」，「地域づくり」という今でいう地域活性化の動きが各地でみられるようになった。こ

れは社会構造の変化の中で生じた現象だといえるかもしれないが，ある意味で国民生活にとって皮肉なことであると考えるのは，私1人だけであろうか。

　むろん，それ以前からも地域づくりやまちおこしといった活動が展開されていなかったわけではないし，そのような活動が今日の自主・自立をモットーとした地域活性化のルーツとなっていることは承知している。しかしながら，バブル以前においては，そのような自立した活動はまだまだ例外的な存在であって，地域に課題があった場合に，それをみずからの問題としてみずからの手で解決しようとする前に，国や地方の政府の手にゆだねて，自分たちはその恩恵にあずかるだけという受け身の姿勢をとることが大勢であったのではないだろうか。

　バブル崩壊に伴って国や地方の政府の財政が悪化し，また情報公開が進んで政府の施策実施の成果をだれもが検証することができるようになる中で，今までのように政府に頼ってもみずからの地域の課題解決にはなかなか結びつかないということに気づいた国民がいた。そんな彼らが，自分たちの地域特性をしっかり踏まえた地域づくり，まちづくりに取り組みだしたという構図は，従来の行政の在り方からいえば皮肉ではあるが，本来の地方自治のあるべき歩みが始まったということであろう。

　このような地域活性化の動きを支援しようという動きは，日本社会のさまざまなところで展開されるようになってきている。政府はもちろんのこと，企業の目指すCSRのみならずスポーツ界や芸術界も，地域に対する貢献を重要なテーマとしてさまざまな試みや支援策が準備されていて，それらを活用した活動が展開されようとしている。

　このような取り組みは，大学という組織においてもその動きが始まっている。過去を振り返れば，一部の大学においては今日的な動きよりももっと早い段階から地域活性化を支援し，あるいはみずからの活動として地域に入っていく活動に取り組んできた例があったことも事実である。しかしながら，それは大学組織としての動きというよりはゼミ，あるいは大学内の地域関連の研究組織の活動というレベルのものが多かった（例外的に，大学として地域と連携し成果を上げてきた例があることも事実ではあるが）。そんな一部に見られた地域活性化に貢

献しようとする動きが，社会全体の地域貢献の動きの中で，多くの大学の重要な活動テーマとなってきている。

そしてそのような動きを，文部科学省は「知の拠点整備事業」を展開することでも後押ししようとしている。

この事業は，教育基本法や学校教育法を改正して，大学の役割として従来からの「教育」，「研究」に加えて「社会貢献」を三本目の柱としたことを具現化するための施策として実施されようとしている。具体的には，大学全体として地域を志向し，地域の関係機関と連携し，「地域活性化の取り組み」や「地域人材の育成・雇用機会の創出」などに取り組んでいくこととしている。

その成果がどのようになるのかはこれからの各地の取り組み如何であるが，大学が地域の活力のもとになるという取り組みに本気で向き合える環境の整備にむけて，所管省庁である文部科学省もようやく乗り出したものとして評価すべきであろう。

このような「地域活性化」に向けた活動を大学が行う場合の具体的な内容は，それぞれの大学の企画力にゆだねられている。地域活性化が自主・自立した地域の形成を目指すということからいえば，当然のことだ。では，そのような「地域活性化」を目指す大学はどのような観点で取り組んでいくべきなのか。その内容については，各大学ともまだ手探り状態であるというのが実情だろう。地域によって抱える課題も違えば，関係自治体や地域づくり集団などの関係者とのネットワーク構築の程度も違う。まさに，これから「知の拠点」としての真価が問われる時代に入ったということだろう。

地域課題の解決を通して地域を活性化していく活動に「大学」が積極的に関与していくということに鑑みて，決して忘れてはならない大切な視点は『人財』の育成だ。大学の本来目的の1つには，当然「教育」という人財育成がある。しかしながら，今課題となっている大学の「社会貢献」という観点の活動からいうと，単に学生を社会人として送り出すのに必要な知識と見識を備えさせるというレベルの教育・人財育成ではなく，地域活性化に貢献できる地域のリーダーを養成するという視点とその視点に立ったプログラム展開が不可欠である。

その意味での「人財育成プログラム」として各地の大学で展開されている

「地域活性化システム論」は，これからの大学の「社会貢献」プログラムにさまざまな示唆を与えるものと思われる。また，その一方で，この「地域活性化システム論」自体がさらに内容を進化させ，密度の濃いものとなっていくことが必要である。そのことによって，大学として一層の「社会貢献」がなされ，結果としての地域活性化が図られることになっていくであろう。

以下，「地域活性化システム論」の大学への講座開設の経緯をふくめて，「地域活性化システム論」とはどのようなものなのか？　そこで論じられる「地域の活力」とはなんなのか？　そして『人財育成』にはどのように取り組めばよいのか？　最終的に目指すべき地域社会の在り方とはどのようなものなのか？を論じてみたい。

## 2．「地域活性化システム論」とは？

　地域活性化のために，さまざまな取り組みがなされている。その１つとして，大学という地域の知の拠点を活用した取り組みがある。その取り組みの１つである『地域活性化システム論』という講座は，大学のキャンパスに教員と学生に加えて地域づくりの活動をしている市民，地元の地方公共団体とその職員，そして国の担当職員も加わって公開講座方式の講座を実施し，その中でその地域の抱える課題について活性化の戦略を練るというもので，各地の大学でこの名の講座が持たれている。

　一部の例外を除けば，大学というところはかつては地域との連携にそれほど積極的ではなかった。しかし，時代の流れの中で地域連携の必要を認識し，その実行を図ろうとしている。また地元の地方公共団体や地域の市民の人たちも，地域課題の解決に大学の持つ知の力や学生たちのパワーに魅力を感じていた。地域活性化システム論は，こんな状況の中で生まれた時代のニーズに合致したシステムであるといえる。

　この地域活性化システム論は，それぞれの大学の特性，その地域社会の抱える課題，講座に参加するメンバーの個性などによってさまざまな展開がなされ

ている。実際にそれぞれの大学のシラバスを見ても，課題の設定も講座の持ち方もさまざまだ。そのような多様性を持つことこそが，地域活性化という問題に対応した仕掛けとしては当然だといえるだろう。

　大学が地域の課題に取り組むことの第一義的な意義は，言うまでもなく地域課題の解決だ。地域課題に対応し地域の活性化計画を作り，実際にこれを実行して地域の活力を生み出していく。この作業だけでも相当なエネルギーを要することは言うまでもない。したがって，これらの大学で行われている講座から地域の活力が生まれる事業展開がなされれば大成功といえるだろう。

　しかし，私はあえてさらに高い目標を設定し，地域活性化システム論に取り組む各大学とその講座に集う地域活性化を願う人々にチャレンジしてもらいたいと考えている。

　その高い目標とは，単にその地域の課題を解決することにとどまらず，日本のさまざまな地域に存在する地域課題の解決に対応できる「普遍的システム」を追求し，それを自分たちの地域以外の地域で地域活性化に取り組んでいる関係者に提示していくことである。

　この点から考えると，講座の持ち方に関して，課題設定の分析方法，人財育成の具体的手法，講義とフィールドワークとの連携の取り方，学生と社会人聴講生との問題意識のすり合わせ手法などの中に地域活性化の手法をシステム化していくという観点を前提として組み立てられることが必要だ。その上で，地域の課題や講座の特性に応じて，それぞれの大学の創意工夫で特徴を出していく。そして，それらの講座が展開される中で，地域課題の解決策の検討と合わせて，地域活性化のための普遍的システムを探る作業も展開してほしいと願っている。

## 3．地域の活性化とは

　誰でも自分の住んでいる地域が活力あふれ，光り輝いていることを願っている。地域の活力は，そこで生活している人々のエネルギーの総和であり，人々の知恵と努力の結果でもある。地域に活力があって生き生きとしていることが，

そこに住まう人たちに安心と安全を保証する。そしてそのことが地域に対する愛を形成し，地域への誇りにつながっていく。

　さらに，活力ある地域社会を形成することは，単にその地域のためだけのことではない。国家は，いくつもの地域社会が重なり合い，おたがいに影響しあう中で形作られている。今日，国際化が進む中で，わが国の国際社会でのプレゼンスを高めるために国力の在り方が問われている。国力を何で測るかについてはいろいろな見方があるが，少なくとも地域社会が元気であることは，その国家の活力を生み出す大切な要素だと言って過言ではないし，そういう観点から国の力を構築するという努力がなされるべきだ。このように，活力ある地域はそこの住民に活力を与えるとともに，それぞれの地域の活力があって国家の活力が保たれるのである。

　わが国における地域社会の在り方を振り返ってみると，これまでも地域の活力を生み出すために，さまざまな工夫と努力が行われてきた。地域の特徴は，これまでの地域における先人たちから営々として行われてきた地域振興のための努力の歴史そのものだと言っても過言ではないだろう。その地域活性化のための方法や手段は，時代の変遷，技術進歩，経済の活動の在り方から始まり，人々の心の在り方までを含む人間社会のおかれた状況の中でさまざまに形を変えてきた。その結果として，特徴ある工業集積，地域を代表する企業群，日本人の感性になじんだ農産物，伝統工芸，伝統芸能，神社，仏閣，祭りなどその地域を代表する特徴が形成され，それが地域の人たちの誇りになっている。

　そのような歴史を持つ日本の地域社会が，急速にその活力を失っている。そうなった原因は，さまざまな要素が絡み合った21世紀特有のものといえるかもしれない。ただ，いずれにしろ地域社会の活力が失われるということは，日本という国自体の活力が失われることだ。そして，地域力，国力が落ちるということは，われわれ日本人の生活自体が不安定なものになり，安心して明日に希望を持って生きていくことができなくなっていくことを意味する。

　そのような事態に対応して国の力，地域の力を高めるために，日本の各地でいろいろな人たちによってさまざまな努力がなされている。その1つとして，大学を活用して実施されている『地域活性化システム論』があると考えている。

## 4．待ったなしの地域力再構築

　日本の地域社会の活力が急激に落ちている。その原因を考えると，いろいろな問題が浮かんでくる。

　まず思い当たるのが，グローバル化の影響だ。グローバル化という大きな波の中で，日本の企業が国際競争力を保持し，世界に対抗してビジネスを展開するために，生産拠点を低廉な労働力を確保できる海外に移している。その影響は，従来企業城下町と呼ばれた企業都市にまともに及ぶ。雇用の場を失った労働者とその家族は町から離れ，都市の人口は減少する。閉鎖された工場，事業所からは税収が上がらなくなり，都市の財政を直撃する。この経済の状況が地方に与える影響を決定的にしたのがリーマン・ショックだ。日本は，アメリカ，ヨーロッパと比較するとその影響は少なかったとは言われてはいるものの，金融界，そして日本の経済，産業に与えた影響は計り知れないものがある。ただでさえ苦しい経営を強いられていた日本の中小企業は企業体存続の危機に瀕し，わが国の経済は明るさを感じられる状況にはない。そしてその影響は，地方都市ほど深刻に表れている。

　急激な高齢化も極めて深刻だ。地方の町村の中には，65歳以上の高齢者の割合が60パーセントを超えたところも出ている。高齢化の問題は，地方だけの問題ではなく大都市も同様に大きな問題となる。むろん，地方に比べて，高齢化率を数字で見れば大都市の方が常に下回ってはいるが，問題は増加する介護を要する高齢者の数だとして，高齢化問題は都市部の方が深刻だという論をとなえる向きもある。しかし，都市には介護に対応する若年層も多く生活していることも事実であり，人口の少ない地方と比較してさまざまな対応策をとりうる可能性は地方よりはるかに高い。高齢者を支えていかなければならない若年層の大都市部への流出が続き，高齢者が高齢者を支えるという構図がますます鮮明となっていく地域社会の活力確保策は，待ったなしの状態だといえる。

　このほかにもさまざまな要因で地方は疲弊し，その力と活力をどんどん失っている。その一方で，東京という大都市だけが，ヒト，モノ，カネをブラック

ホールのごとく呑み込んで発展し栄華を誇っている。東京だけが一人勝ちしているこの状態で、この国の力を維持し続けることができるわけがない。

　アスリートの筋肉は、トップアスリートになればなるほどすべての筋肉がバランスよく発達しているという話を聞いたことがある。間違いを恐れずに言うと、腕相撲のチャンピオンは腕の筋肉だけを特別に鍛えているのではない。足腰の筋肉とともに腕の筋肉が強化されてはじめて、腕相撲という競技で対戦相手に勝利することができるのだ。これを今の日本に当てはめて考えてみよう。本当に日本という国の国力を上げようとするのなら、日本の足腰に当たる各地域の地力を向上させてはじめて、東京という武器が生きるといえるのではないだろうか。

　バランスある成長が永続的な発展には欠かすことができないという視点を、この国はいつの日からか失ってしまっている。それはそんなに遠い過去ではない。ついこの間までは、その真意はともかく『国土の均衡ある発展』などという言葉が政府の政策要綱だった時代もあるのだから。人間の体でもスポーツでも企業組織の在り方でもすべてのことに当てはまることだが、全体の調和ある発展のためには、組織を構成する構成単位の強化がバランスよくなされてはじめて全体としての強さが本物になってくるものだ。その意味でこの国を考えたとき、今われわれは、地域社会を強化する戦略を国民全体で考えなければならない大切な岐路に立たされている。にもかかわらず、国家レベルで地域問題を考えることに対する認識の希薄さに危機感を抱かざるを得ない。

　地域を強化するには国民各層のさまざまなレベルでの取り組みが不可欠だが、わけても、地域からの展開、地域の人々が力を合わせての地域問題への取り組みが必要だ。

## 5．地域活性化手法の変化
　　―国家主導から自主・自立・自考へ

　戦後の荒廃した日本社会を立て直すために、さまざまな地域振興策がとられてきた。小資源国であるがゆえに加工貿易立国による国の復興を目指した時の

政府は，傾斜配分という方式をとることにより特定地域に重厚長大と言われる産業の立地を図った。そして地方もこの政策に協力をして，政府の描いた絵を忠実に実行する実戦部隊となった。その結果，国と地方が一体となって日本社会の復興発展を図ったのである。このことは，産業インフラのほとんどを戦争によって失った当時の日本にとっては極めて有効な政策だった。おかげで奇跡と言われる敗戦からの立ち直りを果たし，GNP世界第2位の経済大国になりえたのは紛れもない事実だ。そして，この発展の基礎は，国・地方一体という名のもとに展開された中央集権体制下での地域振興策によって作られたのだ。

ただその過程で，日本人は大切なものを失ってしまったように思えてならない。それは，自分たちの知恵で自分たちの地域社会を作るという自主・自立・自考の精神だ。

なぜかというと，地域の住民は，従前なら自分たち地域社会で処理してきた問題も含めて，なにかあると市町村，県といった行政に注文をつけることが恒常化してしまった。また，行政側もそれなりに財政が拡大してきた時代の流れの中で，住民からの要求に何らかの対応が可能になってきていた。ただそこはよく観察すると，住民の要請に市町村や県がみずからの知恵と努力で対応するというケースよりも，国に陳情し政府の知恵と補助金といった財政援助を獲得するという作業が常態化していたといえるだろう。つまり，地域の人々が自分たちの知恵を出さなくなってしまって，国に対して要求する姿勢だけが残ってしまったといったら言い過ぎだろうか。

そんな雰囲気が変わろうとしている。2004年に政府が創設した地域再生制度は，その2年前に制度化された構造改革特区制度同様に，従来政府が握っていた制度改革権能を一部ではあるものの国民に開放し，国民の発意で行政制度を改正できる道を開いた。この2つのシステムに共通するいわゆる『提案制度』という制度改正のシステムを活用し，国の制度改正を図り，改正され自分たちにとって使いやすくなった制度を活用して，みずからの地域の活性化を図ろうとする地域住民のグループが現れた。そして，全国でさまざまな活動が展開されるようになった。

まさに，自分たちの生活を自分たちの知恵と力で向上させる取り組みである。

地域のことは，そこに住む人々の生活実感に基づいて方針が決められるべきだ。現場から遠く離れた東京や県庁にいる，生活実感の伴わない人たちの判断にゆだねられるべきものではない。ただし，みずからの判断を優先させるということは，そこに責任が伴うことは当然だ。さらに，自分たちの夢を実現するために必要な経費も，自分たちの手で確保するという気構えも必要である。財源に関しては，力の弱い団体や初期投資に大きな財源を必要とする事業など，形態によって行政との連携を考えなければ可能性が広がらない場合が多いことはやむを得ない。ただ，何かしようとするときにすぐに行政頼みにする姿勢では，よい事業展開がなされるとは思えない。

これらのことが『自主・自立・自考』という言葉に端的にあらわされていると思っている。みずからの知恵で地域社会を考え，自分たちの力で立ち上がり，成果に関する責任も自分たちでとるというこのキャッチフレーズは，これからの地域社会運営の根本哲学だ。

何回も述べていることだが，地域社会が強くなることが日本を強くすることであり，地域社会を強くするためには，地域に住みそこで暮らす1人1人の人が真剣に地域と向き合い，その社会をどうしたいかを考えることが必要だ。その意味で言うと，地域の人々1人1人が『自主・自立・自考』という言葉をもう一度かみしめて，自分のものにしてもらうべきだと思っている。

『地域活性化システム論』は，そんなきっかけを提供していく場でもあるべきだということを強調しておきたい。

## 6．地域を活性化させるもの―『人財』

前項で，地域活性化に取り組む際に前提となる心構え，考え方について論じた。

この項では，前項で述べた地域活性化に取り組む際の心構えである『自主・自立・自考』という考え方を持ったうえでの，地域の活性化のために必要とされる道具立て，素材について考えてみたい。

従来，国の地域振興策は，基本的なフレームワークを国の担当者である官僚

が企画立案してきた。すなわち，地域活性化のための道具，素材は国が供給してきたのである。しかし，時代が21世紀という新しい展開を迎える中で，地方の時代という言葉が象徴するように，地方サイドからも自分たちの知恵で自分たちの問題に対処していきたいというニーズが高まっていた。その当時から関係者は，地方の問題を中央発の施策で解決するという従来型のシステムでは物事がうまくいかないということを実感していたと思われる。そんな中で，各地域での地域活性化の努力をサポートするために，2003年，地域再生のための国のセクションとして地域再生推進室が内閣官房と内閣府に設立された。

　ここは，従来型の国発のアイデアで地域振興を図るという方式を取らず，地域のアイデアを支援するために国のできることは何かを提示することに徹するというスタンスでスタートした。地方がみずから描いたデザインでみずからの地域を色付けしていくことで，地域の再生を図る。国は，この動きを強力に支援する，という国と地方の関係が前提となっている。この中でいろいろな制度設計がなされた。その中心となったのは，国民，市民からの国に対する制度改正，財政支援制度改正，規制緩和といった国のシステムに対する改正要望を制度的に受け付ける『提案制度』だった。これは，従来の国の制度が官庁によって制度化され運用されるというシステムに穴をあけ，国の制度の在り方に国民が直接意見を申し述べることができるようにしたうえで，その制度改正を求める国民とともに制度官庁と議論し戦う担当を政府の中に設けたという点では画期的な仕組みであったといえる。

　この提案制度に基づいて，数々の制度改正が図られることになった。改正された制度，改良され使い勝手が良くされた補助金，新しく創設された地域活性化のための会社創設のための仕組み，緩和された各種の規制などを活用して，各地でさまざまな活性化の計画が立案され実行に移されることになり，まさに，地域活性化に向けた地域のアイデア合戦という様相を呈した時期があった。そしてこの時点では，地域活性化に必要な道具，素材は，地域の知恵を引き出す国の仕掛け（地域再生法を中心とする各種の制度）だというとらえ方がされてもいた。

　地域活性化計画が策定され実際に実行に移されていくと，また違ったシーン

が見えるようになってきた。それは，計画段階ではとても素晴らしい展開が予想された地域が，実際には案外掛け声倒れの様相を呈する例があった。かと思えば，計画の段階ではさほどのものとは思われなかった地域から，ものすごく熱い思いと地域の人たちの元気な声が強く伝わってくるものもあり，これまた地域によって千差万別の様を呈した。

　同じ道具立てで，なぜ結果がこうも違うのか？　地域再生，地域活性化のためには，地域再生制度という道具よりもっと重視しなければならないものがあるのではないか？　さまざまな地域の成功例，失敗例を検討すると，活性化の成功事例と思える活動には必ずみんなを引っ張っていっている中心人物，リーダーがいるという共通点が見いだされた。地域のことを愛し，地域に誇りを持つリーダーが，自分たちの地域をこうしたいという明確な設計図のもとに仲間たちとその実現に向かって活動している地域は，よそ者が入っていってもある種のエネルギーを感じることができる。地域の活性化にとって一番大切な道具，素材は，地域活性化のために活動する『人』だ，というわけである。

　地域活性化のためには，制度，施策はもちろん欠かせない。しかし，いかに制度，施策が立派でも，それを運用する担い手に人財を得なければ『仏作って魂入れず』であり，作られた活性化計画は『絵に描いた餅』にすぎないのである。

　地域づくり，まちおこしでは，よく『バカ者，若者，よそ者』の組み合わせが必要だといわれる。これは，地域活性化の人財の重要性を端的に表した言葉だ。この地域をこうしたいという強烈な信念を持っていて，周囲からバカと言われようが何を言われようが断固としてやり抜くリーダーである『バカ者』，そのリーダーの情熱に共感し，ともに汗を流し地域のために働く『若者』，そして，彼らの活動を客観的な眼で眺め，必要なアドバイスを行う『よそ者』。元気な地域には，必ずこんな人たちの輪がしっかりとできているものなのだ。この人たちがいてはじめて，地域は元気になっていく。地域の活力には，こんな人たちが欠かせない。そう考えると，この人たちは地域の宝，財産だ。地域を生かすのは，財産である人間，『人財』。単に役割をこなすための材料という位置づけの人間，『人材』ではないのだ。

## 7．人々が豊かに暮らせる世の中を目指して
## 　—地域活性化の目指すもの

　人々は，地域の活力を求めて地域再生，地域の活性化に取り組んでいる。その目指すところ，出発点は，それこそ地域によって異なっているし，1つ1つの地域にそれぞれの歴史と物語がある。ただ，そこで共通するのは，自分たちの親，先祖の代から自分たちを育てはぐくんでくれている地域に対する限りない愛情と，自分たちの地域に対する誇りだ。まさに，『ローカルプライド』が地域活性化に向かわせるエネルギーの素だ。かつての賑わいを取り戻そう，みんなが明るい笑顔で挨拶できる街をつくろう，おたがいにいたわりあって暮らせるまちにしよう，ほっておくと再開発で失われてしまう街並みを守るためにみんなの力を合わせよう，地域の特産品をブランド化して自分たちだけでなくたくさんの人に楽しんでもらおう，など，目標はさまざまだ。地域の人々はそれぞれの掲げた目標を達成することに全精力を傾けているし，それぞれの目標とされるテーマは従来からのその地域の課題であったもので，簡単に達成できるものでもない。したがって，地域活性化の目指すものは，それぞれの地域が掲げた目標課題とすることでよいのかもしれない。

　地域の特性も地域の抱える課題も，そして解決の手法や達成予定の目標も千差万別なのが，地域活性化への取り組みだというのは事実だ。とはいえ，すでに述べたように，地域活性化に取り組む人たちは共通して『ローカルプライド』を持っている。このローカルプライドの底流に流れる地域に対する思い，自分たちの暮らしている地域社会への思いの共通部分を普遍化し，システムとして提案することを「知の拠点」である大学は心がけるべきだと考えている。

　そもそも地域活性化に向けた動きは，地域に活力を生み出すために地域の資源を生かした地域づくり活動として展開されてきた。その底流に流れているものはよりよい社会の実現であり，暮らしやすい地域の再構築である。古い街並みの再生も，黒塀の保存も，かつての賑わいをそこに見出し，再びあの時代と同様に安らかな気持ちで生活していくためのシンボルとしての意義を感じて活

動されているのではないだろうか。そんな気持ちに共感するからこそ，地域活性化の輪がその地域を包んでいっているし，よそからの訪問者にまでもその地域に流れる温かさは伝わってくるものだと感じる。

　つまり，地域活性化の活動は地域の活力を生み出すものであるけれども，そのことを裏返してみると，地域活動は地域の温かさ，そこで暮らす人，1人1人の生き抜いていく力を高める結果につながっているのではないだろうか。そして，そのことこそが地域活性化の活動が終局的に目指す目標だと，活動に携わる人1人1人が認識すべきではないだろうか。

　地域活性化のカギは『人財』だと言った。地域活性化の輪には『バカ者，若者，よそ者』の輪，ネットワークが形作られている。このネットワークが面的に広がり，質的にもより強固なものになっていくことが地域の活力の元であり，それが地域社会の力を高める結果につながっていくのである。このような地域社会の人と人との『絆』を強めることが地域社会の力を高めることにつながるのであり，この『地域の絆』を強め，地域に暮らす人たちがお互いに支えあい，お互いに自分の周りにいる人のことを思いやって少しずつ譲り合う社会を作ることが，地域活性化という作業の持つ究極の目標ではないだろうか。

　地域活性化はこのために，特産物，街並み，伝統工芸をはじめとした地域の資源を切り口にして，地域の人々がお互いに力を合わせてまちづくり，活性化という目的の中でお互いの絆を強める作業だという認識を持つことが必要だと思う。

　今，日本の社会は異様に後ろ向きになり，自信を失っている。あすへの夢を持てず，今日という日を生きていくことにさえ怯えを感じずにいられないような精神状態に陥っているのではないだろうか。これは，日本人の持つ自虐的な性格も影響していると思うけれど，それよりも，自分が生活する社会とのつながりが希薄になっていることが大きな理由だと思う。自分のいる位置をしっかり認識し，ともに生きていく自分の周囲の人と力を合わせてお互いに支えあうという関係を構築する。そんな中で，人は生きていく自信を取り戻していくだろう。生き抜いていく自信を取り戻した人が1人，2人と増えていくことが，この社会の活力を蘇らせるのだ。

地域活性化の活動は，そんな地域の力の元となる『地域の絆』を構築するためのすばらしい仕掛けなのだと認識すべきだ。そして，その活動を『地域活性化システム論』をはじめとする大学発の地域活性化の動きから作り出していくことが期待されていることを，関係者は肝に銘じるべきである。
　力強い地域社会の構築が，これからの国際社会を生き抜いていく日本の国力を高める大前提だ。関係者は覚悟を持って『志』高く，社会貢献という目標に取り組む必要がある。

## 8．なぜ大学なのか
　　―公共空間としての大学に期待される役割も含めて

　さて，6.で述べたように，地域活性化には『人財』が必要である。では，その人財はどのようにしたら発掘できるのか。この点について普遍的な原理を提示することは，極めて困難だと言わざるを得ない。実際，地域活性化の成功例と思われる地域のリーダーの『出自』について，経歴，年齢，教育，交友関係などさまざま検討したが，一般化できる法則は発見できなかった。ということは，地域活性化は，突然変異でたまたま出現した『バカ者』によってしか成し遂げることができないのかとも思ったこともある。そしてそう思うと，現に地域活性化に取り組んでいるリーダーたちがさらに輝いて見えたりもしたものだった。まさに『人財』なのだとも思えた。
　とはいえ，仕方ないと言って手をこまねいていては，地域活性化のための人財は『百年河清を待つ』の言葉のごとくいつまでたっても出てこない。
　ではどうするか。そこは餅は餅屋である。人財育成のプロ機関である大学がみずからの潜在力と役割を認識し，地域活性化のための人財育成に乗り出せばよいのである。
　次のような事例が，大学というところが地域活性化に果たしうる役割の再認識をさせてくれた。
　ある先生のゼミ合宿のことである。
　彼は，学生を伴って山奥の村に2泊3日のゼミ合宿に行ったそうだ。その時，

彼が学生に，2日間その村を歩きまわり，できるだけたくさんの村人にインタビューをして村に役立つ提案を考えること，という課題を与えた。そして，最終日の3日目には，公民館に村のおじいちゃんやおばあちゃん，役場職員も集まってもらって，彼らの提案の発表と意見交換をしたとのこと。これが予想以上に効果があり，役場の人も自分の村に自信を持ち，お年寄りもとても喜んだという話だった。学生という『よそ者』目線から見た村の評価が，地域に元気を与えたという話だ。

　まさに，地域の知の拠点，大学がその資産である教授と学生を活用して地域課題に取り組むとともに，地域再生に資する人財を育成することとなった例といえるだろう。

　すでに述べたところだが，大学というところはかつては地域との連携にそれほど積極的ではなかったが，国立大学の独立行政法人化や少子化社会の中での学生数減少期対策など，大学も時代の流れの中で地域連携を図ろうとしていた。一方，地元の地方公共団体や地域の市民の人たちも，地域課題の解決に大学の持つ知の力や学生たちのパワーに魅力を感じていた。

　『地域活性化システム論』は，こんな状況の中で生まれた時代のニーズに合致したシステムであった。

　そこでは，従来は大学と縁の薄かった人たちが大学に出入りし，お互いの立場を超えて地域の課題に向き合い議論が重ねられている。大学という閉ざされた空間が，地域のために機能する『公共空間』になった。そのきっかけに『地域活性化システム論』も寄与していると言ってもよいだろう。

　「地域活性化システム論」の具体的展開例として，北陸先端科学技術大学院大学の1つの例を紹介したい。これは，講座のグループワークの中から出てきた地域ビジネスの例である。加賀市の主婦を中心としたグループが，北陸先端科学技術大学院大学の地域再生システム論講座（当時は「活性化」ではなく「再生」と言っていた）の一期生として大学のキャンパスにやってきた。彼女たちは，バイオマスを活用した地域再生のプランを提案したいと考えていた。彼女たちの思い，望むことが，学生も含めたグループ討議の中でさまざまな角度から検討され，最終的に地域再生計画としての政府の認定を受けるにいたった。その

うえで政府の財政支援も得て地域ビジネスとして成果を上げ，大臣表彰を得るまでに至っている。見事に地域に元気の花が咲いた例といってよいだろう。そしてそこには，言うまでもなく地域の活性化に資するリーダーが生まれ，元気な人の輪が形作られている。また，その成果は日本各地で評判を呼び，全国から視察が後を絶たない状態が発生した。まさに，元気が元気を呼ぶという好循環が生まれたのだ。こんな状態の中で彼女らのエネルギーは新たな方向を求めて研究がなされ，今後はさらに新たなビジネスにも取り組むという展開も図ろうとしているとのことだ。

## 9．地域活性化に取り組む大学の取るべき姿勢
　　　—地域活性化システム論の展開を中心に

　地域活性化システム論の講座を開設する大学のなすべきこと，取るべき対応について考えてみる。

　まず，地域活性化のための有効なソリューションを講座参加者で見出すことにあるのは言うまでもない。さらに，解決策を計画という絵にして，実行に移すまでに適切なアドバイス機能を果たすことも欠かせない役割だろう。ここで指摘しておきたいのは，そこからさらに進んだ場合の対応についてである。地域活性化の取り組みで，往々にして小さな成功で満足してしまうという事案が見られるように思っている。しかし，地域の活性化はよりよい社会を追い求める地域運動，地域の絆を強めるための活動だという認識に立つのであれば，当初に掲げた目標を達成したからといってその成功に安住せず，持続可能な事業展開の方策を広い視野に立ってアドバイスしていくべきではなかろうか。そういう役割こそが，地域の『知の拠点』である大学というところに期待される機能なのだ。

　さらに，大学の持つ知的財産の活用を図っていくことも欠かせない。すなわち，地域活性化講座にかかわっていない学部学科や教授陣の持つ機能を地域の力と有機的に結びつける，あるいは学部間連携を図ることで地域発のビジネスモデル形成の可能性を探ることの重要性に対する認識を持つということである。

大学の所有する知的財産が，日本では活用されないまま山のように放置されているともいわれている。これらに関して知見のある先生たちとの連携を図る中で，より広い視野の中からの地域活性化策の提言機能を果たしていくことが可能になるのではないか。そのような作業を地域の意識ある人たちと学生を交えて実行することが，大学のプレゼンスを高めるためにも有効な手段であるという認識を大学全体で共有すべきであると考える。

　次に，『地域活性化システム論』は，学生，地域の市民，行政の職員という，大学の公開講座という環境設定がなければ接点を持つことがなかったかもしれない多様な人たちが1つの教室に集まり，同じ目的意識で講義を聞き，そして自分たちの住む地域のあるべき姿について意見交換をする機会であるという特徴を十分に意識した講座展開を心掛けるべきである。

　その意味からまず配慮すべきなのは，受講生の人数と構成である。せっかくの地域の活性化に対して意識の高い人たちのネットワーク形成の貴重な機会であるという認識を，講座開講者として持つことが必要だ。この認識のもとに，学生と民間と行政のバランスをとって同数程度の構成にすることが望ましいだろう。それぞれがこれまでは接することがなかった人たちが，講座をきっかけにネットワークを作って地域のために意見交換していく出発点になるような心づかいがほしいところだ。講演会のように，多数の受講生を大教室に詰め込んでの講義を展開するだけという設定はいただけないと思っている。

　また，講座の課題設定に関しては，受講生側から地域課題について積極的な提案を募り，それに基づいたグループ編成を行うことが望ましいと思っている。そして，グループワークの中で地域課題の掘り下げと活性化策の検討をさせるという展開が，受講生の知的好奇心と地域に対する認識そして，問題解決能力の開発という意味では効果ある進め方といえるだろう。むろん，受講生からの提案には大学として対応しきれないものもあろうし，大学側からの提案を見て参加を決めるというケースもあるだろうから，必ずしもそうするべきと言っているわけではない。ここで留意してほしいのは，地域課題設定に際してできるだけ受講生からの積極的な働きかけの機会を作り，実際のグループワークなどの中で主体的に活動し議論に参加する雰囲気を最初から作り出していくという

大学側の姿勢が必要だということである。

　またグループワークに関しては，単に受講生の間での討論，それに関するアドバイスということにとどまらず，フィールドワークを行わせてみたり，ワークショップを計画するなどによって地域課題に対する理解を深め，その対応策を考える手がかりを与える努力を行うべきであろう。

　さらに，講座の締めくくりとしては，テーマごとのグループワークの成果として，地域課題に対応した地域活性化計画をグループとして策定すべきであろう。通常の講義であれば，受講生個人個人のレポートの提出というあたりが相場かもしれない。しかし，地域活性化という以上，関係者の協力，関係者の連携がなければ地域活性化の作業はスタートすることすらできないということに気付かせるのも，この講座の役割だと思っている。その意味からも，グループ構成員の力を合わせるという意識，仲間で役割分担するという作業を経験してもらうことに大きな意義がある。仮に計画まで至らなかったとしても，問題点の整理と今後の検討の方向付けなどをまとめとして発表する場を設けることが望ましいと思われる。

　最後に，『地域活性化システム』講座を通じて，それぞれの地域の課題に向き合う人たちのネットワークが大学を軸にして出来上がっているはずだ。それをそのままにするのでなく，今後の地域活性化の仕組みとして活用していくことが，大学としての地域へのプレゼンスを高めるという観点からも重要だということを指摘しておきたい。受講生を中心とした人財ネットワークこそ，地域の貴重な資源なのだ。そういう視点で，システム論の継続，あるいは，大学以外の地域づくり組織との連携などで地域の人財ネットワークが大学を中心に拡大してほしいと願っている。そのネットワークが，よりよい地域社会を形成する『地域の絆』につながるものだと信じている。

# 第 3 章 地域経済の発展と経済理論

　株式会社リチウムエナジージャパンは，主に車載用リチウムイオン電池事業の中核を担うメーカーである。DBJ は同社への訪問を経て，リチウム電池事業の重要性や，電気自動車向けのバッテリーを製造する新工場建設の存在を知る。技術力では日本が最先端を行くが，韓国が大規模生産拠点を築きつつある今，日本の製造業の国際競争力強化は必須である。それを金融面から支援していくことの使命と責務を感じ，DBJ は工場建設資金にかかる融資実現に向けて検討・調整を開始した。そして，商品の価格競争力にも影響を与えうる融資条件の議論・交渉を幾度も重ね，お互いの妥結点を見出していった。一方，DBJ は産業調査業務の中で，リチウムイオン電池産業の可能性と将来性をいち早く掴み，関西と東海を 1 つの地域としてとらえたメガ・リージョン構想を掲げていたところでもあった。調査を通じて蓄積した知見は，リチウムエナジージャパンの有する技術力や品質面はもとより，業界構造や競争力強化に向けた業界動向全般におよぶ分析にも活用された。まさに，DBJ の持つ「顧客提案力」と「産業調査力」が有機的一体的に機能し，具体的な融資までの道筋が立てられていったのである。
　用途が広く高いレベルの性能が求められるリチウムイオン電池。DBJ はこうした日本の高い技術力を維持・発展させつつ国際競争力を高める金融支援を通じて，日本の産業や日本経済の活性化に貢献していく。

出所：日本政策投資銀行ホームページ
　　　http://www.dbj.jp/recruit/new/project/movie.html?M=5

## 1．はじめに

　本章では，地域経済の発展に寄与する政策金融対象事例を素材に取り上げて，経済理論との関わりについて整理・検討を行う。筆者は 2007 年 4 月，関西大学教授に転職するまでの 28 年間を，冒頭で引用した DBJ/Development Bank of Japan：日本政策投資銀行[1]）という政策金融機関の職員として勤務してきた。したがって，本章では学術的視点からの説明ももちろん行うものの，実際に政策金融機関が関与した地域振興に寄与する融資プロジェクトを，今日では外部者の立場からの考察を通じて，実務面からの解説を試みるものである。なお，ここで表明する意見はもとより日本政策投資銀行の公式見解ではなく，あくまで筆者個人の見解であることを最初にお断りしておく。

## 2．問題の所在

約 37.8 万 $km^2$ の国土に今日約 1 億 2,700 万人の人口を擁する日本は，ユーラシア大陸の外延部東アジアに位置する島国であり，北は北海道，南は九州・沖縄に至るまで，東北から西南にかけて約 3,000 km の範囲にわたって細長く広がる国土を持っている。このような自然条件を反映して，日本各地には文化的にも多様な諸地域が広範に展開しており，1945 年 8 月敗戦以後は，大都市圏 vs. 地方圏と相互対比しながら，地域政策，地域経済，地域振興，地域政策研究が実施されてきた。敗戦後 2014 年の今日に至る約 70 年間におよぶ国土政策の変遷状況を概観すると，1950 年に施行された国土総合開発法に基づいて戦後復興，高度経済成長への移行準備，高度経済成長，安定成長，円高・国内経済構造調整，バブル経済，高度情報社会化，グローバリゼーション化対応等，それぞれの時代背景を視野に置きつつ全国総合開発計画（一全総から五全総まで）が策定され，実施に移された[2]）。

このような国土政策に基づく一般会計・特別会計，財政投融資等，国家財政だけではなく地方財政においても"国土の均衡ある発展"を旗印にした地域政策が実行されてきたことは周知の事実であろう。これらの国土政策遂行には，一般会計・特別会計等の財源が税金に由来しており，返済を要しない財政資金に分類される"使い切り予算"等を裏付けとした空港・港湾，一般国道・地方道を縫う隧道・橋梁建設等が，折柄の高度経済成長の時代要請に応えて長期間をかけて全国各地で整備された。このほかの社会インフラ整備に関しても，有料高速道路建設，新幹線新設・延伸等に関しては，金利込みでの償還義務を負

う標記財政投融資計画に基づいた整備が全国津々浦々で実施された。その中で，冒頭紹介事例に見られる如く，本章の主題である政策金融が"市場の失敗"[3]を補完する上で大きな役割を長きにわたり果たし続けてきた。これを可能ならしめてきた貸出資金面での裏付けは，2000年資金運用部資金法廃止[4]時まで郵便貯金・厚生年金等金利を付して元本返済義務を負う財政投融資を原資とするもので，2銀行9公庫に代表される各々の政府関係機関[5]により実施されてきた。

本章の冒頭で紹介した車載用リチウムイオン電池メーカーに対する融資は，最新技術を用いた工場新増設に対する資金需要に応えたものであり，工場稼働後は，地元雇用機会の確保，製品競争力向上，当社経営力強化に伴う工場が立地する自治体が課税する事業税・固定資産税等の地方税収増加等を一般にもたらす。結果として，政策金融は地域経済の振興にもつながっている。このような文脈で，政策金融に基づく地方開発は地方財政にも寄与していることが容易に理解される。

## 3．近代経済学理論に基づいた地域経済論の概要

ここで地域経済論を考察するに際し，知っておくべき概念，主要な論点を最初に整理しておく。地域とは，政治学・行政学の観点からは，①国土総合開発法や国家行政組織法等行政主体がそれぞれの所管業務を遂行するために必要な諸政策を実行する具体的場所を意味する「行政区域」のほか，②人文地理，地誌等地理学で取り扱われる「機能地域」「同質地域」，そして③「地域性」「社会的相互作用」「共同結合」という3つの要素から構成される地域社会を意味する社会学上の観点からの定義，そして④「人間の共同体的生活空間」と説明される地域主義，マルクス経済学で使用される定義が挙げられる[6]。これらの学問上の諸定義は，いかなる視点に基づいて議論するかという問題意識に影響されることは改めて言うまでもないが，筆者が政策金融の現場で意識する視点は，前述②人文地理，地誌等地理学で取り扱われる「機能地域」「同質地域」に依拠したものである。

また，地域政策の概念は「2．問題の所在」後半部分で「結果として，政策金融は地域経済の振興にもつながっている」と筆者が述べたように，①地方自治体が実施する地域振興政策と"国土の均衡ある発展"を旗印にした中央官庁が経済特区制度等を活用しながら，特定地域を対象とする選択的な政策との best mix を志向することに収斂する。その具体的政策運営は，②地域間で現に存在している経済的不平等の是正等を通じて地域住民福祉水準の向上を目指し，対象地域住民の理解・参画を得ながら，国および地方自治体が政策主体となって企画・立案，実施されるべきものと要約されるであろう。理念的には，③人間は単に生存を全うするだけでなく，より一層の幸福を追求することを通して発展を志向するために，各人がその自由意思に基づき自由競争を行い，自助努力・自由意思による地域間を移動する機会が憲法の条文上も保障されている中で，そのような営みの結果として不可避的に発生する地域間格差，地域内格差，不均等の是正・解消に資する一連の思想体系がその理念の中に包含されていることが望ましい，といえよう。

　このように広範な領域にまたがって形成される地域政策の目的を達成するためには，①地域経済の構造把握，成長要因・停滞要因・衰退要因のそれぞれに焦点を当てて歴史的視座を意識しながら，特定する作業が前提となる一方で，②税制研究，補助分析に際して学問的に検討しなければならない。DBJ 勤務時代，筆者が実際の案件処理に用いていた手法は，もっぱら近代経済学に依拠する理論体系を中心とする考察方法を主とするものであった。具体的には，①産業連関分析，経済成長理論，価格均衡理論等マクロ経済学で講じられる伝統的経済理論をベースに，②典型例としては，冒頭紹介事例に見られる工場新増設等で政策金融が適用される場合に観察される各種生産要素の地域間移動，産業立地条件相違等に着目した距離や空間等の概念で表象される経済変数が，地域経済にいかに作用するかを意識する方法論を採ることが多かった。しかしながら，このような方法論を地域経済分析の一般理論にまで止揚することは困難であり，管見ではマルクス経済学はもとより近代経済学体系においても実用に耐え得るような一般理論構築は未だ行われていない，という印象が強い。現実に関西大学に職場を移した今日においても，筆者は個別具体的事例ごとに試行

錯誤を繰り返しながら，最適解を求めて地域経済発展と経済理論の関係を追求中である。

　かたがた，これらを資金，公共財需給状況等，地方財政論の観点から同時に整理する作業も重要である。すなわち，それぞれの事例・事例ごとに特有な個別事情が包含されているため，当該事例で望ましい政策を金融面から具体化するために必要な分析視点は何か，という問題意識を持ちつつ，マクロ経済学からの"地域経済発展論"，政策金融供与対象個別企業の利潤極大化と資金供給者であるDBJが負担する各種リスク許容度の検討・評価といったミクロ経済学からの政策評価が，これら作業の骨子を形成するものであった。DBJ退職後も継続する個別事案に関する守秘義務，および時間経過とともに陳腐化していかざるを得ない個別事案認識のため，筆者が実際に担当した数多くの具体的事例をいちいち言挙げしての説明はもはや不可能となっている事情をご理解いただかざるを得ないが，奉ずる職場を実務世界からアカデミズム世界に移した今日にあっても，DBJ時代に身をもって修得した標記方法論は，政策研究教育の場にあっても引き続いて有効な処方箋の1つを構成していることは間違いない。私見では，地域政策研究の場で一番肝心なことは，臨場感を持って経済理論を展開することに尽きる。つまり，本稿で言うと，冒頭事例を素材にしたマクロ経済学からの"地域経済発展論"に依拠した政策金融の意義付けと同時に，費用対効果分析を通じてフィールドワークとしての投融資事例を用いた政策評価がそれである。

| 地域政策分析で用いる経済学理論の例（例示列挙） |

・地方財政論
・財政学
・公共経済学
・地方公共財の理論
・財政機能配分論
（空間的価格均衡理論）
（地域所得分析）
（地域投入産出モデル）
（中心地理論）
（工業立地論）
（ウェーバーの集積論）
（人口規模・地価構造）
（都市発展論）
・資源配分機能の分析
・所得再分配機能の分析
・地方税の理論
・地方補助金理論
・公共選択論
・公共経営理論
（分権化定理）
（ポーリー・モデル）
（税源配分論）
（一般補助金理論）
（財政錯覚論）
・新制度学派
（ニュー・パブリック・マネジメント理論）
（その他）

| 地域経済分析で用いる経済学理論の例（例示列挙） |

・地域経済学
・経済原論
・価格均衡理論
・産業連関論

- 立地論
- 産業立地論
- 産業集積論
- 地方財政論
- 財政学
- 公共経済学
- 地方公共財の理論
- 財政機能配分論

（空間的価格均衡理論）
（地域所得分析）
（地域投入産出モデル）
（中心地理論）
（工業立地論）
（ウェーバーの集積論）
（人口規模・地価構造）
（都市発展論）

- 資源配分機能の分析
- 所得再分配機能の分析
- 地方税の理論
- 地方補助金理論
- 公共選択論
- 公共経営理論

（分権化定理）
（ポーリー・モデル）
（税源配分論）
（一般補助金理論）
（財政錯覚論）

- 新制度学派（ニュー・パブリック・マネジメント理論）
- 経済成長論
- 都市経済学
- 地域産業連関分析
- 地域経済成長論

（均整成長。不均整成長論）
（経営基盤説モデル）
（その他）

## 4．政策金融実例と地域経済の関係（具体例）

### 4.1　電気自動車開発の企業経営上の意義と政策的意義との調和

　　株式会社リチウムエナジージャパン（以下，当社という）は2007年12月，大型リチウムイオン電池の開発・製造・販売を目的に初資本金20億円[7)]で京都市に設立された。その後，本稿で取り扱う世界初の電気自動車用大容量リチウム電池量産工場竣工（2009年6月草津工場，2012年10月京都工場，2012年4月栗東工場第1期工事，2013年春同左第2期工事）を待って所要の増資を実施し，年間最大製造能力約1,250万セル/LEV 50，3.7 V　50 Ah，2.3 Gwh 約15万台換算の一貫製造ラインを所有している。電気自動車用大容量リチウム電池量産は，地球温暖化抑制の必要性を背景とする今日の時代背景下，内燃機関排出ガスに由来する二酸化炭素等のいわゆる"温室効果ガス"削減の切り札になり得るプロジェクトである。地球温暖化の元凶と目されている二酸化炭素等いわゆる"温室効果ガス"の排出は，産業革命が開始されて以来，工業化の過程で大量に継続してきたものであるが，それにもかかわらず大気中の$CO_2$濃度は永年にわたり概ね0.3％＝300 ppm程度で推移してきた。全地球的規模で見れば，珊瑚礁を構成する珊瑚虫の骨格成分を形成する石灰化質に二酸化炭素が取り込まれる等の形態で，温暖化ガス発生量と吸収量がかろうじてバランスを保つ仕方で一定濃度維持が可能であったためである。しかしながら，20世紀に入って以降，様相が変わってくる。鉄鋼，石油精製，石炭を使用した大規模火力発電，化学等大量のエネルギーを消費する環境負荷が大きい業種から排出される温室効果ガスに加えて，全世界規模で自動車が普及するようになると，排気ガス中に含まれている環境汚染物質に由来する平均気温の上昇速度は，かつて人類が経験したことがないほどの勢いでの増加を見ている。周知の通り，もしこのまま何もしないまま温暖化ガス排出を放置し続けていくならば，実際に観察されている通り，融け始めた北極・南極の氷や氷河が不可逆的規模で減少を続け，全地球的な規模で海面上昇現象が発生する可能性さえある[8)]。このような状況を勘案すると，生存可否を左右しかねない危険を含んでいる地球温暖化現象を

抑止することは，今日では喫緊の政策課題である。

　冒頭，政策金融の実例で取り上げた"排ガスゼロ"につながる環境負荷軽減型電気自動車（EV/Electric Vehicle）開発の要諦は，①車載バッテリー/蓄電池の安全性を確保し，②充電時間短縮と自動車走行時のエネルギー効率高度化を追求すること，③狭隘な車体空間に搭載可能となる容量・重量にまで小型化した高性能リチウムイオン電池商業化にある。同時にその技術の応用として，目下各自動車メーカーで鋭意開発が進められている Plug in hybrid Vehicle 等一層環境に優しい車両，すでに実用化されている鉄道，新交通システム等でのエネルギー回生システム[9]，そして東日本大震災を契機に原子力発電の役割が見直されている中，風力・太陽光発電等新しいエネルギー system が社会に組み込まれつつある今日，高性能リチウムイオン電池の出番が多くなることが確実視されている。

## 4.2　案件発掘から融資実行までの流れ，完済に至るまでのモニタリング機能について

　関西支店に限らず，DBJ は本店所管部，支店企画調査課，事務所等で銀行として常時取り上げ可能な投融資案件発掘に努めている。資金需要事業者自身の来行はもとより，所管する地方自治体，民間金融機関，業界団体等との日常接触等の場や，新聞・雑誌記事，インターネット情報等さまざまな機会をとらえて政策金融にふさわしい投融資案件候補を得ている。この案件の場合には，担当者が「2007.12.13 付新聞記事」に掲載された当社設備投資情報を端緒に，標記基準適合可否を検討することから始まっている。DBJ は（投）融資検討にあたり，現場・現物・現実を何よりも大事にする。財務諸表等の書類ベース資料に関する勘所を外さない慎重な検討ももちろん不可欠であるが，担当案件が実際にいかなる機能を果たしているのかは，書面審査同様に，いや案件によっては現場・現物・現実を通じてしかその本質が把握できない場合もある。実査の前に担当者は，本件プロジェクト（以下，対象工事という）の政策金融取り上げ可能性の有無に関して，産業調査担当者との摺り合わせをしている[10]。政策金融は民間金融とは異なり，「資金需要があるから…」というただそれだけの

理由で融資することはまずない。日本は社会主義国ではなく，教科書風に言うと，民間事業者が果敢に自由競争を繰り広げ，優勝劣敗・適者生存を前提とする厳しいビジネス環境の下で，需要曲線と供給曲線が合致するところで価格と数量が決まり（均衡価格・均衡数量），個々の商売が成立する資本主義国である。これが市場原理であり，経済社会の活力はもっぱらこれによって生み出されていることは間違いない。この現象は利潤原理の然らしめるゆえんであろう。

しかしながら，市場原理だけに依拠するならば，経済状況次第では社会全体として必要な事業，役務等の供給がなされない可能性があり得る。これが"市場の失敗"であって，政府が資金を含む資源配分に介入する必要が，この局面で生じる。この章で取り上げている電気自動車開発プロジェクトにDBJが関与する理由の一端もここにある。すなわち，巨視的視点からは，温室効果ガス排出量削減による地球温暖化抑止に寄与する車載型高性能リチウムイオンの電池商業化は，政策としては確かに望ましいものの，事業の採算性やプロジェクト遂行に要する事業資金規模等諸々の面で，単独民間金融機関の体力からすると，必ずしも容易には取り上げられにくい案件として認識される事例に該当するのではないか，と筆者には思われる。本章執筆に際して，ホームページ上で公開されているDBJ動画と若干量の新聞記事しか説明材料が存在しない状況下で，個別具体的プロジェクトに固有に含まれているDBJ融資を実現させることが可能となったさまざまな判断要素を的確にコメントすることは困難であるものの，ややもすると"晴れた日には傘を貸し，雨の日には（傘を）取り上げる"[11]と揶揄されることもある民間金融の実情を知る筆者にすれば，巨額におよぶ長期低利安定資金を供給することを通じて事業者の経営リスク[12]を低減させるDBJの政策金融は，まさに"市場の失敗"を補完する事例である，と考えられる。

さて，個別案件に対する融資実行可否の前提を形成する事前に詰めておくべき諸要素は，業界事情調査という切り口で1つ1つ数字により客観化され，事業者と膝を交えて実証されていく。沿革，経営者，株式関係，損益状況・財政状態，銀行取引・社債発行状況，対象工事（対象事業），資金計画，収支予想，担保・保証等々…。詰めておくべき事項を大分類するだけでも，このように大

部なものとなる。バブル経済崩壊後，1990年代末に生起した金融危機に，金融機関は，従前の不動産抵当金銭消費貸借契約，工場財団抵当金銭消費貸借契約等担保物件処分価値に重点を置いた静態的債権保全思想を転換し，事業キャッシュフローに注目する動態的債権保全思想に裏付けられた米国流の考え方を融資判断に追加するようになったが，"事業の素質を見極める"という金融機関本来の社会的役割[13]が持っている意味をよくよく考えるならば，静態的債権保全思想から動態的債権保全思想への転換は本質にかなっている。標記思考の転換は，"暗黒の木曜日"に端を発した大恐慌後の米国で，投資銀行が標準的審査手法として開発した考え方に起源を持つものである。F. D. ルーズベルト大統領政権下で実施された New Deal 政策／"新規まき直し"政策が奏功し，ようやく経済環境が改善に向かって動き出し始めた1930年代半ば以降になると，経済の流れと平仄を合わせるように米国の投資銀行は不良債権を減少させ，優良な事業素質を有するプロジェクトに成長資金を供給する機能を果たしていく過程で経済的実力を再度取り戻していった。

　今日 DBJ が担っている政策金融も，そのルーツをこの時代の米国投資銀行審査手法に持つものである[14]。本章冒頭，車載用リチウムイオン電池メーカー融資プロジェクト案件中で，関西支店企画調査課女性総合職担当者が営業課男性担当者との案件調整過程で述べていた「関西東海圏の産業（競争）力強化レポート」執筆の意図も，前述「優良な事業素質を有するプロジェクトに成長資金を供給する機能を果たして行く」ことを通じて，DBJ 保有資産＝貸出正常債権残高を増加させ，同時に銀行経営上のメリットを追求していこうとするところにある。取り上げにあたっては，ミクロ企業ベースの産業調査とともに事業活動の舞台となるマクロ経済調査を通じて得られる知見に関しても，解決しておくべき諸事項をすべてあらかじめ科学的にあぶり出す仕組みが取られており，案件発掘から融資実行までの全過程[15]を通じて DBJ の前身である日本開発銀行の時代以来，長年にわたり培ってきた公正中立，長期的事業支援の視角に立って申込プロジェクトを金融的に成立させ，ひいては日本経済の健全な発展にも寄与させることは，冒頭で掲げた"市場の失敗"を補完する政策金融機関が持つ DNA である。

## 5. 結　語

　これまで縷々述べてきた通り，政策金融は対象工事＝対象事業完成によって，①個別事業者が設備面で実現する経営戦略を具現化させて，新たなキャッシュフロー獲得に資する金融効果を得ることだけではなく，②雇用の場・雇用機会を確保することを通じて，収益関係税である企業に課される事業税のほか固定資産税等以外にも被雇用者から徴収する住民税などを，また国税レベルであれば法人税，所得税のほか，被雇用者住民生活に付随する消費税等立地する地方自治体の税収確保にも裨益する政策意義が認められる。"市場の失敗"補完機能を発揮することが期待されている政府の役割を全額政府出資になる政策金融機関が担うことは，各機関設立根拠法の中でも規定されていることであり，当然なすべき事柄であろう。しかし，それに加えて本章でたびたび説明してきたように，金融が持つ情報生産機能を債務者に提供すること等を通じて対象工事＝対象事業の円滑な遂行を可能ならしめる国民経済上の要請があり，特定の民間企業系列に属することがない公平中立な長期資金供給者という立場からも，社会から期待されている諸々の期待に応えることを政策金融機関自身が再確認する必要がある，と思料する。

　筆者在職中にも時折起こった"官業の民業圧迫"批判キャンペーンに含意されていた民間金融機関の"本音と建て前"の背景を構成していた各種論点に対しても，国民経済の維持発展に寄与する仕事を成し遂げてきたという密かな自負を，筆者を含む DBJ.OB が持ち続けてきたことを述べて擱筆する。現役職員は，みずからが有する各種金融手法の切れ味を一層鋭利にすること等を通じて，民間金融機関と協調しながらも，取引先の意向を最優先するパブリック・マインドを持ち続けて欲しい。

## 【注】

1) http://www.dbj.jp/ir/about/outline.html　資本金1兆2,070億円。2014年3月末時点の総資産残高は，16兆2,479億円，貸出金残高13兆9,630億円，自己資本比率15.3％（バーゼルⅢベース・国際統一基準）発行体格付はそれぞれAAA（日本格付研究所），AA（格付投資情報センター），A＋（S&P），Aa3（Moody's）である。

　　国内金融は当然のこととして，国際金融を営むことができる前提条件であるBIS規制による自己資本比率8％を大きく超えている。1999年10月1日，日本開発銀行と北海道東北開発公庫が統合して日本政策投資銀行が設立された。その後，"民間でできることは民間に任せる。自由主義経済体制下では，官の役割は可能な限り限定されるべきであり，金融の領域についても政府関与は縮小されるべきである"，として日本政策投資銀行をはじめとする政策金融機関は組織形態を変更し，第2次世界大戦終了後の経済復興・高度経済成長モデルを支えた公的金融の仕組みは大きく変貌を余儀なくされた。日本政策投資銀行の場合，開銀・北東公庫統合後の新法人設立根拠法が廃止され，2008年10月1日，日本政策投資銀行が解散し，株式会社日本政策投資銀行法による現行の組織形態/DBJ：Development Bank of Japan Inc. に移行した。2000年代初頭にはいわゆる"小泉・竹中改革"により政策金融機関民営化プロジェクトが推進され，DBJは特殊法人から株式会社への衣替え実施後，概ね5年～7年以内を目途に政府出資を市場放出して，国鉄・電電公社・専売公社等と同様，官業から民業への転換が行われる予定であった。しかしながら，2008年秋，突如として米国で起こった"サブプライムローン問題"に端を発する世界規模での金融危機に伴って，100％株主である日本国政府（財務省）による緊急金融対応による指定金融機関となった。このことは，国金・中小・農林旧3公庫統合後発足した日本政策金融公庫からも巨額資金供与を受けて，旧組織時代同様に"市場の失敗"を補完する機能を継続していることになる。

2) http://www.kokudokeikaku.go.jp/document_archives/ayumi/23.pdf を参照。

3) 近代経済学の考え方によると，ある前提の下では需要と供給が均衡することによりパレート最適配分が実現されて，安定した経済状況が実現される，と考えられている。この文脈で，市場機能は財について最適調整をもたらすものであり，多くの経済学者から支持を得ている。しかしながら，需給関係調整の前提が満たされない場合もあり得るのであり，その際にはかえって市場機能が経済的非効率をもたらす余地が生まれる。例えば，独占や寡占状況，失業や外部不経済の代表例である公害，

貧富や地域格差等 "市場の失敗" が生じることになる。

4) いわゆる "小泉・竹中改革" で郵政省が郵便局窓口で集めた貯金等に対する従来までの運用部預託義務が廃止された結果, 自主運用が始まった。しかしながら, 郵便局窓口現場では財務審査機能等貸金に関する専門ノウハウに乏しいうらみがあり, 今日に至っても郵便局窓口における本格的個人貸付業務は未だ本格化していない。

5) 日本開発銀行・日本輸出入銀行の2行, 中小企業金融公庫・国民金融公庫・環境衛生金融公庫・農林漁業金融公庫・沖縄振興開発金融公庫・住宅金融公庫・公営企業金融公庫・北海道東北開発金融公庫・公営企業金融公庫の9公庫を主体とする。このほか, 日本国有鉄道, 日本電信電話公社, 国際電電, 地域振興整備公団, 日本道路公団等事業法人についても, 事業資金に財政投融資資金が充てられていた。周知の通り, この仕組みは21世紀初頭, 米国発新自由主義的な経済運営思想が政権公約となったこともあり, 根底から解体されて現在に至っている。

6) マルクスは, Hegel弁証法の批判的継承とされる "上昇と下降" 概念/These, Antithese, Synthese, そして止揚/Aufheben概念を主著『資本論』, あるいは『経済学批判序説』の中で述べている。その文脈で語られる「地域」は, 彼の学問認識の根底を構成している史的唯物論に基づいた標記 "分析と総合" 論による対象の概念規定であり, 管見によれば一種 "言葉の遊び" の域を出るものではなく, 彼が生きた19世紀後半の社会と比較すればはるかに複雑化・高度化している21世紀の今日の社会でさまざまな文脈で語られる「地域」の特質を説明することは困難である。「表象された具体的なものから, ますますより希薄な抽象的なものにすすみ, ついには, もっとも単純な諸規定にまで到達するであろう。そこから今度は, 再び後戻りの旅が始まるはずであって, 最後に再び人口にまで到達するであろう。だがこんど到達するのは, 全体の混沌とした表象としての人口ではなく, 多くの諸規定と諸関連を伴った豊かな総体としての人口である」by マルクス『経済学批判序説』

7) 2014年5月末資本金135億円。出資比率GSユアサ51.0%, 三菱商事44.6%, 三菱自動車工業4.4%

8) 18世紀半ばに世界で初めてイギリスで始まった産業革命以来, 今日に至る約260年にわたる長期間におよぶ各種産業活動集積に伴い, $CO_2$濃度が右肩上がりの上昇を続けている。すでに世界最大, 極北の島グリーンランドでは表面を覆ってきた厚い氷の層が溶け始めており, 低温のため従来では不可能であった農業が可能となる地域が現れている。また, 北極海を覆う氷山が溶解し, 夏期には砕氷船を使用することなく北極海周辺を囲む諸国を結ぶ国際航路新設の試みがある。南極においても平

均 3,000 m～4,000 m の厚さに達する大陸氷床が薄くなりつつあり，このままの状況が今後も継続すると，近い将来に不可逆的な環境変化が起こる可能性がある。南洋に位置する諸国の中で，国土の大半が海面すれすれの低い場所にあるところでは，地球温暖化に伴う海面上昇が国土海没の危機に直面する等，深刻な事態に陥っている。この他にも以下の URL を参照。

http://www.ipcc.ch/publications_and_data/ar4/wg1/en/ch10s10-6-5.html#table-10-7

9) 走行時の電車は，パンタグラフを架線に接触させて動力となる電流を得，レールに流して床下に設置されている電動機の推進軸を駆動させて前進している。一方，制動時にはブレーキをかけて車輪の運動エネルギーを減少させるが，その際に合わせて電動機推進軸を逆回転させ，発電機として使用することで運動エネルギーを電気エネルギーに変換した後，架線を経由して給電施設に返す仕組みが実用化されている。このシステムは鉄道車両だけではなく，自動車やエレベーター等電動機を動力源としている装置でも広範に使用されている。

10) 本稿冒頭，車載用リチウムイオン電池メーカー融資プロジェクト案件中の関西支店企画調査課担当者と営業課担当者との案件調整過程に集約されている。

11) 資産査定，内部格付が低い債務者は，民間金融機関に対して往々にしてこのような感覚を持つことが多い，との指摘がある。民間金融機関は文字通り，"ビジネスとして与信している"のであり，慈善事業を行っているのではない。一方で，運転資金等金繰り面で生殺与奪の権を握られているにも等しい低信用格付債務者にとっては，必要な時に必要な額が借りられないことは経営継続の道を断たれることを意味する。民間金融機関に対して，この種うらみ節がささやかれるゆえんはこの辺りにあるのであろう。本文中で触れた"市場の失敗"の一例である。

12) 経済学でいう"リスク"とは，一般に「（ある特定の）事象変動に関する不確実性」をいう。主要リスクとして，価格変動リスク・債務不履行リスク・流動性リスク・インフレリスク等を挙げることができる。

13) 金融機関が，資金余剰主体から資金不足主体へ所要資金移転を行うことを主要業務としていることは，周知の通りである。その過程で実施される財務審査，産業調査，経済調査，利害関係者間での各種調整業務等を通じて申込事業を金融上成立させる一連の所作は，財務活動のプロフェッショナルとしての金融機関が情報生産活動を行っていることを含意している。

14) 日本興業銀行経営研究部編『信用調査』有斐閣，1966 年，中林哲太郎編『銀行業界

の諸問題』有斐閣，1968年等にも詳しい。
15) 融資実行後，DBJを含む銀行は，据置期間を経て約定償還が始まり完済に至るまで，対象工事（対象事業）完成実査，決算報告，担保解除・差し替え等，債権管理上必要なモニタリング行為を通じて，立場の違いこそあるものの，事業目的を完遂する責任ある債権者の立場で債務者とともに歩んでいくことになる。金融資本市場と発行体とをつなぐ証券会社が担う直接金融は，いわば"ワンショット"ごとに行われる金融仲介機能の域に留まり，預金総額を超える信用創造機能を発揮する間接金融とは異なっている点に注意すべきであろう。

# 第 4 章　観光立国の推進と地域活性化

　2003年は，日本の観光に変革をもたらした観光立国の推進が始まった年であり，それから10年が経過した。この年は，念願の訪日外国人旅行者数1,000万人が達成され，2020年の東京オリンピック・パラリンピックの開催に向けて，2,000万人を目指す新たな節目の年になった。この目標達成のためには，魅力的な観光地づくりと地域における外国人旅行者の受け入れ体制の整備が不可欠である。外国人旅行者のもたらす新たな交流と消費は，地域に新たな活力をもたらし，地域の風景を一変させることにもなろう。

　本章では，第一に，観光立国の推進について，その意義，観光の現状，政策経緯を概説し，第二に，アベノミクスにおける観光立国推進のためのアクション・プログラムを述べ，第三に，観光交流と地域活性化について述べる。

## 1．観光立国の意義と経緯

### 1.1　観光立国の意義

　まず，わが国において観光立国を推進する政策意義について，述べておきたい。

　第一に，国際観光の推進は，わが国のソフトパワーを強化するものである。国際観光を通じた草の根の交流は，国家レベルでの外交を強化・補完し，安全保障にも大きく貢献する。

　第二に，観光は，少子高齢化時代の経済活性化の切り札である。少子高齢化の成熟社会では，国内需要も低迷せざるを得ないが，観光による交流人口の拡大，需要創出による経済活性化が有効である。

　第三に，交流人口の拡大による地域の活性化である。観光による交流人口の拡大は，地域経済の起爆剤になりうる。また，集客力のある個性豊かな地域づ

くりは，各地域の自立を促し，地域のマネージメント力やマーケティング力を高めることになる。

　第四に，観光立国は，国民生活の質の向上をもたらすことである。観光は，非日常生活の体験を通じて，生活をリフレッシュさせるものであり，退職者にとっては，新たな生き甲斐にもなりうる。また，観光立国の推進は，わが国の歴史文化の価値を再認識するプロセスでもある。

## 1.2　観光の経済波及効果と観光消費統計

　まず，観光の現状について述べたい。2011年の観光消費額は，22.4兆円で，日本人国内旅行が20兆円，訪日外国人旅行消費が1兆円である。

　観光消費の経済波及効果であるが，運輸業，宿泊業，飲食店業，食品業と大きい生産波及効果を有し，産出額46.4兆円にもおよび，全産出額の5.1%であ

図表4-1　国内における旅行消費額（平成23年）

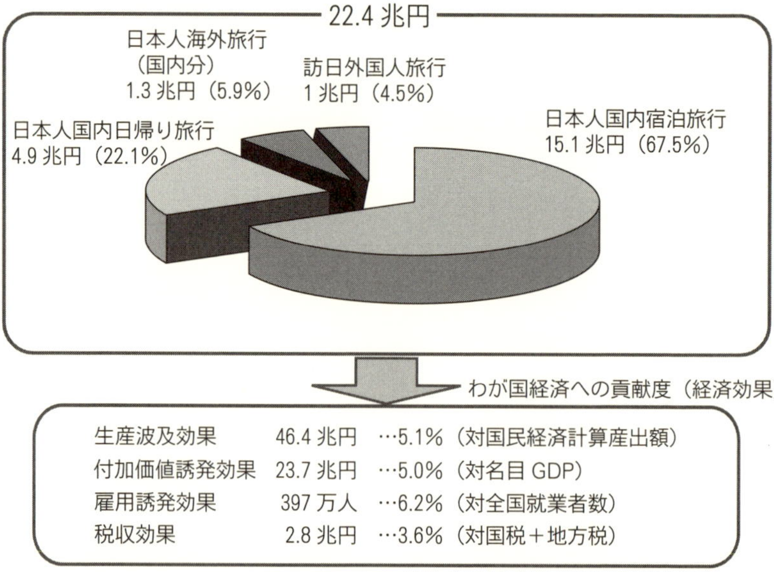

22.4兆円

- 日本人海外旅行（国内分）1.3兆円（5.9%）
- 訪日外国人旅行　1兆円（4.5%）
- 日本人国内日帰り旅行　4.9兆円（22.1%）
- 日本人国内宿泊旅行　15.1兆円（67.5%）

わが国経済への貢献度（経済効果）

| | | | |
|---|---|---|---|
| 生産波及効果 | 46.4兆円 | …5.1% | （対国民経済計算産出額） |
| 付加価値誘発効果 | 23.7兆円 | …5.0% | （対名目GDP） |
| 雇用誘発効果 | 397万人 | …6.2% | （対全国就業者数） |
| 税収効果 | 2.8兆円 | …3.6% | （対国税＋地方税） |

出所：観光庁「旅行・観光消費動向調査」，日本銀行「国際収支状況（確報）」より。

る。付加価値誘発効果が名目 GDP の 5.0％，雇用誘発効果は，6.2％である（図表 4 － 1　国内における旅行消費額）。

　しかしながら，観光立国を標榜しながら，皮肉なことに観光消費統計を見ると，2006 年 30 兆円だったものが 2012 年には 22.4 兆円と大幅な減少になっている。この期間，デフレ傾向と円高により，日本の観光が割高になったことが大きな要因であるが，中長期的には，少子高齢化や人口減少による内需の低迷，さらには日本人の旅行離れも懸念される。

　今後，マクロ的に観光消費を増やしていくためには，デフレ経済からの脱却，訪日外国人の増加とともに休暇改革が重要であろう。

## 1.3　訪日外国人旅行者数の推移

　ビジット・ジャパン・キャンペーン（VJC）が始まった 2003 年に 521 万人の訪日外国人観光客数は，2013 年，1,036 万人と 1,000 万人の目標を達成した。当初は，2010 年 1,000 万人が目標であった。2007 年までは，中国への数次ビザなど政策効果と好景気・円安が相俟って，2008 年には 835 万人まで順調に伸びた。しかしながら，2009 年のリーマン・ショック後の世界不況による 700 万人割れ，その後の円高基調による低迷の中で，2011 年の東日本大震災による 622 万人までの落ち込みなどがあった（図表 4 － 2　訪日外国人旅行者数の推移）。

　2012 年末のアベノミクスの異次元金融緩和による円高修正により，にわかに増加し，タイ，マレーシアのビザ免除や台湾の就航便の増加などの政策効果も出て，2014 年に入ってからも月別の記録更新が継続している。

　外国人旅行者数の国際比較をみると，2012 年には世界で 33 位，アジアで 8 位となっている。国際的には，外国籍乗員（クルー）の上陸数を外国人旅行者に含めている国が多いが，日本では，2012 年 206 万人となっている。

## 1.4　これまでの観光立国の推進を振り返って

（1）観光立国の提唱～観光立国懇談会とビジット・ジャパン・キャンペーン

　観光立国の推進という，日本として本格的な観光政策のスタートになったの

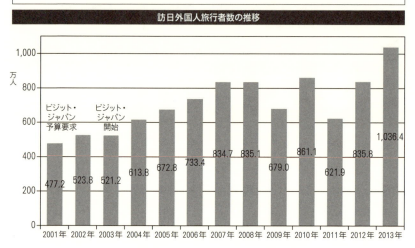

図表4-2 訪日外国人旅行者数の推移

○2013年の訪日外国人旅行者数は、1,036万人（前年比24.0％増）となり、2003年のビジット・ジャパン事業開始以来の政府目標であった年間1,000万人を史上初めて達成した。

（注）2012年以前の値は確定値、2013年1～10月の値は暫定値、2013年11～12月の値は推計値、％は対前年（2012年）同月比。
出所：日本政府観光局（JNTO）。

は、2003年1月に小泉総理が施政方針演説で、2010年に訪日外国人客を1,000万人とする目標を示し、これを受けて観光立国懇談会が開催され、ビジット・ジャパン・キャンペーンがスタートしてからである。

懇談会は、今なぜ観光立国なのか、観光立国の意義を説き、日本が観光立国を実現していく上での課題と戦略を提言している。

観光立国が国家目標・国家戦略として必要なのかについては、第一に、グローバリズムによる大交流時代の到来と文化交流の高まりに対応し、日本は開かれた国づくりを目指すべきであり、ソフトパワーの充実と国の魅力を高めるためであり、第二に、従来の大量生産・消費型の観光から観光客主体の体験・学習など「新しい型の観光」、「持続可能な観光」、「地域主導の自律的観光」など「観光の革新」を起こし、これを通じて文化の磁力を高めるためにも重要であ

ると述べられている。そして，観光立国実現のための総合戦略の構築，日本の魅力の確立，日本ブランドの発信などが提唱された。

特に，観光立国の基本理念を「住んでよし訪れてよしの国づくり」としたことも意義深い。「観光」の語源は，「易経」の「国の光を観る」にあるが，これは，地域に住む人が誇りを持つことができ，幸せを感じられるという「国の光を示す」ことに通じる。このように観光は，国づくり，地域づくりと密接に関わるものである。

(2) 観光立国推進基本法の制定

2006年には，40年以上経過した観光基本法を全部改正し，観光立国推進基本法が議員立法により全会一致で成立した。観光立国を国家戦略として位置づけ，観光立国推進基本計画の策定，基本的施策等について規定している。2007年には中期的なマスタープランである観光立国推進基本計画が策定された。

(3) 観光庁の設置

2008年には，政府を挙げて観光立国に取り組むための体制を整備し，観光行政の責任を有する組織を明確化するため，観光庁が発足した。観光庁の設置により，わが国の姿勢を対外的に明確に示すとともに，他省庁との連携・調整を円滑化し，施策の縦割りを排し，地方や事業者に対しては，窓口を一本化することが期待された（図表4－3　観光立国の推進体制）。

(4) 新成長戦略の策定（観光立国・地域活性化戦略）等

2010年，民主党政権の新成長戦略では，7つの柱の1つとして「観光立国・地域活性化戦略」が位置づけられ，国家戦略の21プロジェクトの1つとして「訪日外国人3,000万人プログラムと休暇取得の分散化」が掲げられた。

また，2012年には，新たな観光立国推進基本計画が閣議決定され，方向性として，「観光の裾野の拡大」と「観光の質の向上」が掲げられている。

なお，2011年の大震災による内外からの観光の停滞に対して，訪日外国客の風評被害対策，東北観光博や東北応援ツアー等が実施された。

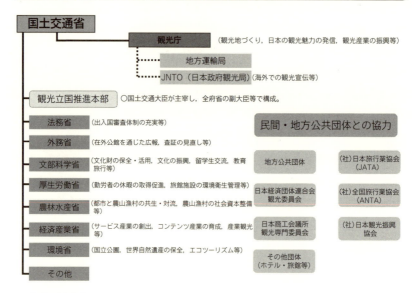

図表4-3 観光立国の推進体制

出所：観光庁。

## 2．日本経済再興プランと観光立国の推進のためのアクション・プログラム

2012年末，第二次安倍政権が発足し，異次元金融緩和による円高修正により，訪日外国人旅行者数が急激に増加し始め，観光立国の推進についての期待が高まった。

### 2.1 日本経済再興プランとアクション・プログラム

アベノミクス三本目の矢である「日本経済再興プラン～Japan is Back」(2013年6月閣議決定) と「観光立国実現に向けたアクション・プログラム」(2013年6月観光立国推進閣僚会議決定) がとりまとめられた。再興プランにおける観光立国の関係では，「観光資源等のポテンシャルを活かし，世界の多くの

人々を地域に呼びこむ社会」を目指している。そして，コンテンツ，伝統文化や地域文化等の海外展開を通じ，日本ブランドを確立し，日本へと外国人を引き寄せ，日本で消費することにより，地域経済の活性化と雇用機会の増大につなげること，また，国家戦略として位置づけられたクール・ジャパンと一体的に推進することが示された。

アクション・プログラムは，訪日外国人旅行者数が2,000万人の高みを目指すため，4つの柱からなるプログラムがとりまとめられた。現在（2014年5月）の進捗状況も踏まえて，以下，例示的にまとめた。

(1) 日本ブランドの作り上げと発信
- 日本ブランドの発信のため，これまでバラバラに行われていたビジット・ジャパンとクール・ジャパン等取り組みについて，政府全体で共同して計画を作成し，海外に発信する。
- 日本関連コンテンツのローカライズ（字幕・吹き替え・現地企画への対応等）・プロモーション支援やテレビ番組の国際共同制作を行う。
- 株式会社海外需要開拓支援機構（クール・ジャパン機構：2013年11月設立）を通じ，海外テレビ番組枠の確保や日本のコンテンツ放送を行う「ジャパン・チャンネル」や「ジャパン・モール」への支援（事業への出資等）。その際，一般社団放送コンテンツ海外展開促進機構（2013年8月設立）とも連携して行う。

(2) ビザ要件の緩和等による訪日旅行の促進
- ビザ要件の緩和は，韓国と比較すると日本の要件が厳しいが，2013年7月にタイおよびマレーシア向けのビザ免除，ベトナムおよびフィリピン向けの数次ビザ化等，東南アジア向けの緩和がなされた。
- 外国人が利用しやすいようにするため，ホテル・旅館の設備やサービスの情報提供の仕組みを導入する。
- クルーズの振興として，国交省にワンストップ窓口を設け，大型クルーズに対応したターミナルの整備等ハード面の機能強化を図る。

- 航空ネットワークの充実のため，羽田・成田の首都圏空港の発着容量の拡大により新規就航・増便を図るとともに，オープンスカイの推進によるアジアにおける競争力強化につなげる。また，LCC が新規需要の喚起につながるため，空港使用料の引き下げや，成田・中部・関西空港の LCC ターミナルの整備などを行う。

（3）外国人旅行者の受け入れの改善
- 出入国手続きの改善として，大型クルーズ船について，海外臨船審査の実施や VIP を対象とした空港でのファーストレーンの導入などを行う。
- 多言語対応の強化のため，道路の案内表示の適正化や博物館，観光地，公共交通機関等における外国人の目線に立ったわかりやすい表示のための共通ガイドラインを策定する。
- JNTO の認定を受けた外国人観光案内所のネットワークを拡大する。
- ムスリム旅行者に配慮した食事や礼拝スペースの確保を行う。
- 2014 年 10 月から，免税対象ではなかった化粧品，飲食料品などの消耗品を免税対象とする。
- 観光地や交通機関の施設等で，外国人の要望の高い無料公衆無線 LAN の整備を行う。

（4）国際会議等（MICE）の誘致や投資の促進
　（注）MICE：Meeting（企業等の会議），Incentive（報酬・研修旅行），Convention（国際会議），Exhibition/Event（展示会・イベント）の総称。
- 国際会議等の MICE の誘致・開催は，海外の人と知恵を呼び込む重要なツールであり，ビジネス機会やイノベーションの創出，都市の競争力・ブランド力を向上する。しかしながら，韓国・中国・シンガポール・豪州等が MICE 誘致への取り組みを強化しており，アジア・太平洋の国際会議の開催件数における日本の割合は，この 20 年間で 5 割から 2 割に大幅に低下した。国を挙げて MICE 分野の国際競争力の強化を図る必要がある。
- 誘致ポテンシャルの高い都市に対して，潜在需要の掘り起こしや海外の専

門家を活用したマーケティング能力の向上支援を図り，都市みずからも誘致能力・体制・受入環境において世界トップレベルのMICE都市を育成する。そのため，国内の都市連携強化や国際的なアライアンス，産学官によるオールジャパンの取り組み，各省庁と学界・産業界との連携体制の構築に取り組む。

- 観光庁では，「グローバルMICE戦略都市」として，東京都，横浜市，京都市，神戸市，福岡市5自治体を，「グローバルMICE強化都市」として，大阪府・大阪市，名古屋市・愛知県2自治体を選定した。
- 観光庁MICE国際競争力強化委員会で，「我が国のMICE国際競争力の強化に向けて～アジアNo1の国際会議開催国として不動の地位を築く～」がとりまとめられた。

## 2.2 観光立国における休暇改革の課題

　観光立国基本法には，「休暇に関する制度の改善その他休暇の取得の促進，観光旅行の需要の特定時季への集中の緩和」（19条）が定められており，国土交通省でも「国内旅行需要の喚起のための休暇のあり方について」等についての懇談会報告書も策定された。

　日本は，年末年始，ゴールデンウィーク，お盆などに観光消費の4割が集中し，観光需要が平準化すれば，混雑も解消し，観光関係企業の収益構造が改善できる。

　民主党政権においては，成長戦略として「休暇取得の分散化」（地域を5ブロックに分けて大型連休を分散取得する仕組み）が提唱された。しかしながら，「家族親戚や知人と休みが合わなくなる」，「経済的な影響が大きい」との反対も多く，東日本大震災で，この議論は立ち消えになった。その後，2011年度からは，観光庁は，関係府省と企業と連携して有給休暇取得を促し，旅行を促進する「ポジティブ・オフ運動」を提唱し，進めている。

　欧米各国では，長期連続休暇（バカンス）と有給休暇取得が企業に義務づけられ，管理職は，有給休暇を完全取得させることに管理責任を負う仕組みとなっており，未消化休暇は，企業が社員から買い取ることになっている。しかし

ながら，わが国においては，経済界はじめこのような労働規制やバカンス法を設けることには強い反対論があり，日本全体での合意形成には程遠い状態である。子育て休暇や介護休暇の問題もあり，中長期的には，雇用法制の改革と生産性向上を両立させる働き方と休み方の改革を目指すべきである。

## 3．観光交流と地域活性化

観光立国の推進の中で，「住んでよし，訪れてよし」の理念の下で，これまで観光地でなかった地域も含め，観光交流による地域活性化の取り組みに活気が出ており，期待も高まっている。「観光まち（地域）づくり」というまち（地域）づくりから始めようという動きも特徴的だ。近年，企業誘致にはあまり期待できないこともあるが，観光交流が地域の価値の再発見をもたらし，六次産業化の出口になり，地域連携の核にあたるものとの認識と実感が拡がってきたからではないかと考えられる。

観光地域の活性化は，地域主導で進めていくべきものである。その認識の下で，観光庁は，観光の変革を提唱しつつ，観光地域振興を地域と連携しながら側面的に支援するものととらえている。これまで，ニューツーリズムを活用した着地型観光や観光まちづくりのためのプラットフォーム，観光圏整備など新しい動きを創出し，振興してきた。

今後，2020年に向けて，地域における外国人訪問客の受け入れが最重要課題になるだろう。まずは，この動きを取り上げ，観光庁のこれまでの地域活性化策と今後の課題としての日本版DMOについて述べたい。

### 3.1 地域における外国人旅行者の受け入れ

国全体として訪日外国人旅行者数2,000万人を実現するためには，日本の各地域が外国人の来訪地になっている社会が実現することが必要である。

これまでのところ，外国人旅行者のほとんどが東京から関西のゴールデンルートを中心に訪問・宿泊している。2013年の外国人宿泊延べ数3,300万泊のうち，2,500万泊がゴールデンルート上の7都府県と北海道，沖縄，福岡を合わ

> **図表 4 − 4　受入れ環境の整備に向けた取組（例）**

① 多言語表示を統一的な視点で進めて行く。
　→ 多言語ガイドラインの策定・普及，取組の外国人目線での点検・評価。
② ICT 技術を活用して移動・観光のためのスムーズな情報収集等を実現する。
　→ 無料公衆無線 LAN 環境の整備の促進，観光アプリ等の開発・普及，機能向上。
③ ICT 技術を活用して読む・書く・聞く・話すをサポートする。
　→ 翻訳・通訳アプリの開発・普及，機能向上。
④ 円滑な決済環境を整備する。
　→ 海外発行クレジットカード対応の ATM の設置促進，海外情報発信。
　→ 観光地等におけるクレジットカード等の決済インフラの普及。
⑤ 公共交通機関の利便性を向上する。
　→ 交通系 IC カードの外国人旅行者への普及促進，タクシー・レンタカー等の利用環境改善等。
⑥ ムスリム旅行者の受入環境を整備する。
　→ 食事や礼拝環境についての的確な情報発信の促進と海外への積極的な情報発信。

出所：第 23 回　交通政策審議会観光分科会資料。

せた 10 都道府県が占めている。

　したがって，今後，ゴールデンルート以外の広域ルートの開拓が重要だ。東北の周遊コース，北陸新幹線開通を機に北陸信越や中部・東海にわたる昇龍道プロジェクト，関西や九州から瀬戸内へのエメラルドルートなどの開拓，誘客活動が取り組まれている。

　また，各地域の受け入れ体制の整備，地域の魅力向上，マーケティング力強化のための主体的・自律的・継続的な取り組みが重要である。図表 4 − 4 において，地域において取り組むべき受入れ環境の整備に関する取組の例を掲げた（図表 4 − 4　受入れ環境の整備に関する取組（例））。

　また，各地域においてバラバラに情報発信を行うのではなく，地域間が連携して情報発信力とマーケティング力を強化していくことが重要である。ビジット・ジャパン地方連携事業として，都道府県の枠を越え，広域で連携・協働する事業に対して，旅行会社・メディア・教育関係者の招請や海外旅行博への出展などの支援を行っている。最近では，クール・ジャパンとの連携事業に重点化しており，各地の地域資源をコンテンツ化し流通させていく，ローカル・クー

ル・ジャパンの取り組みも始まった。

## 3.2 ニューツーリズムと着地型観光

　高度成長期のマスツーリズムは，物見遊山の団体旅行や慰安旅行などを中心として，旅行代理店が団体を送客し，極端な言い方をすれば，地域はその受け皿を提供していただけであった。旅行者のニーズが多様化する中で，このようなマスツーリズムが衰退するとともに観光地も停滞せざるを得なくなってしまった。そのため，従来の発地型観光に対して，個人，グループの興味を満たし，体験，学習，交流ができ，感動が得られるような観光が求められるようになった。観光地が現地で企画提供する体験交流型や着地型観光への転換が必要だ。そこで注目されてきたのが，ニューツーリズムである。

　ニューツーリズムとは，従来の物見遊山的な観光旅行に対して，これまで観光資源としては気付かなかった地域固有の資源を新たに活用し，テーマ性を持った体験型・交流型の旅行の形態である。活用する観光資源に応じて，エコツーリズム，グリーンツーリズム，ヘルスツーリズム，産業観光等が挙げられ，地域の事業者が地域資源を活かした着地型旅行商品の企画・販売を行うことから，地域活性化につながるものと期待されている。

　現在，市場規模として大きいものは，産業観光である。日本観光振興協会に産業観光推進協議会が設けられ，政策提言がなされてきた。従来は観光に消極的な企業の意識も変わりつつある。企業として地域の活性化への貢献や企業や商品のファンを増やすものとして，事業として投資する企業も増えてきた。

　また，酒蔵ツーリズムも産業観光の一種である。政府全体で取り組む「國酒輸出促進プログラム」（2012年）に盛り込まれ，全国の酒蔵ツーリズム協議会が設立された。佐賀県の鹿島酒蔵ツーリズム協議会が，観光の受け入れ体制や地元の食文化との連携を図るなど着地型観光に成果を上げ，好事例を提供している。

　さらに，富岡製糸場の世界遺産登録がなされ，明治産業革命遺産（九州山口関連）も政府推薦書がユネスコに提出された。

　スポーツについては，観光庁は，「スポーツツーリズム推進基本方針」（2011

年)を定め,「観るスポーツ」,「するスポーツ」,地域のスポーツチームの運営や市民ボランティアなど「支えるスポーツ」を推進している。スポーツツーリズムの普及のための一般社団日本スポーツツーリズム推進機構が設立された(2012年)。

　観光庁は,ニューツーリズムの創出・流通等の推進(2007年～)により,着地型旅行商品の市場創造を促してきた。これらは,地域発のモニターツアーを募集し,その実施を通じて,課題の整理・分析,ノウハウ等のガイドライン化,成功事例の収集等により着地型旅行の商品化を促す事業などである。

　着地型観光の事業の取り組みが本格化してまだ5年程度で,十分な成果を上げるまでには至っていないが,地域の動きが活発化しつつある。2014年には,観光庁で,着地型旅行商品の開発販売を拡大するための観光地ビジネスモデル構築事業がスタートした。

## 3.3　観光まちづくりを推進する観光地域プラットフォーム

　「住んでよし,訪れてよし」の理念の下で,観光まちづくりが活発化している。これは,住民が誇りを持ち,個性的で持続可能な地域を目指した「住んでよし」の地域づくりと外部の訪問客を促す「訪れてよし」のマーケティングと2つの要素を持っているといえよう。そして,これを実現する主体として,これら2つの要素を持った分野横断的な組織が生まれてきている。

　観光事業者のみならず農商工事業者やNPO,住民が参画し,①観光まちづくりを推進する事業体や,②地域の着地型旅行商品の企画販売を行う中間支援組織,③ランドオペレーターなどである。これらを総称して「観光地域づくりプラットフォーム」と定義しているが,観光庁では,地域プラットフォーム促進事業を行ってきた(2010～2012年)。

　ここ20年で国際観光地にしたニセコプロモーションボード,行政主導でエコツーリズムの成功例を作った南信州観光公社,市町村合併により観光協会を束ね,DMOと自己規定する田辺市熊野ツーリズムビューロー,行政主導の島宿基準という品質基準を確立した海士町観光協会,別府の新規事業の苗床を提供するNPOハットウ・オンパク,民泊と観光協会,自然学校が統合した

NPO法人おぢかアイランドツーリズム，阿蘇地域デザインセンターなどの好事例が参考になる。

## 3.4 新観光圏の整備

観光圏は，観光圏整備法に基づき2泊3日の滞在型周遊型観光を進めるために，広域の観光地域を整備するものである。昨年まで49の観光圏整備計画の認定が行われたが，圏域が広過ぎたり，推進母体が曖昧だったりすることから，必ずしも十分な成果を上げることができなかった。

2013年，制度創設5年の節目に観光圏の要件を修正し，生活圏に配慮した実効性の上がる圏域の設定を行うとともに，観光地域プラットフォーム機関が実施方針の策定や窓口機能を担うことなどの仕組みを取り入れた。2013年4月に新・観光圏として，富良野・美瑛，雪国（新潟，群馬，長野の県境周辺），八ヶ岳，にし阿波，佐世保・小値賀，阿蘇くじゅうの6地域が新しく認定を受けた。

また，新・観光圏を日本の観光の顔になるような広域観光地域にするため，ブランド観光整備事業を行っている。

## 3.5 さらに日本版DMOへ～マーケティング力を持った観光地域経営

現状をみると，観光まちづくりや着地型観光など新しい動きは出てきているものの，ほとんどの地域では，まだまだマスツーリズムの受け手としての体制から脱却できていない。

従来，地域の観光振興の体制は，観光行政，観光協会・商工関係団体，宿泊飲食物産など事業者が担ってきた。誰にどこに来てもらうのかというターゲットを絞ることが観光戦略の第一歩であるが，行政は，地域内の事業者や団体を等しく扱わなければならず，職員は，2，3年の周期で異動し，首長の交代で政策の連続性が確保できない場合もある。また，観光協会等は，会員数の減少が止まらず，組織として弱体化の一途である。補助金と会費のみの収入では財政基盤が弱い。その結果，行政の下請けになって，地域全体として安易なプロモーションとイベント事業に終始していることが多い。観光振興計画を策定し

ても，実施についてマネージメントされているとはいえない状況だ。

　このような現状をどう打破するかについて参考になるのは，DMO だ。海外の観光先進国では，DMO（Destination Marketing/Management Organization）といういわば観光地域の「観光ビジネス活動体」が，観光地マーケティング全体をマネージしている。専門スタッフを配し，地域のブランディング，品質・安全管理など戦略的マーケティング活動を担う。

　かつて欧州の DMO は，観光案内や直売所のような役割だったのが，だんだんプロモーションやブランディングなどの機能，さらに品質管理や持続可能性の確保などに移行し，21 世紀になってからは，地域間の協働戦略やサービスチェーン，DMO 同士の M&A，ICT システムの導入を進めるようになったという話はわかりやすく，興味深い（日本政策投資銀行［2013］）。

　日本観光振興協会は，地域の観光振興と観光協会を巡る危機感から，「DMO 研究会」を立ち上げた。DMO 研究会では，日本版 DMO に向けたマーケティング，財源確保，品質管理，安全管理，市場調査，人材育成確保などのテキスト，マニュアルを活用ツールとして開発する予定だ。

図表 4－5　新しい「観光まちづくり」の推進母体

従来の観光振興の担い手　｜　観光まちづくりに新たに参画する担い手

民
- 観光関連事業者
- 農・商・工等の各種事業者
- 新たな観光まちづくりの推進母体
- 商工会・商工会議所
- NPO・市民 G その他の団体

官
- 観光協会
- 観光行政
- 商工・まちづくり・産業振興・農業・環境などの行政

官と民の「壁」

観光事業者と，これまで観光に直接関係のなかった市民や各種事業者との「壁」

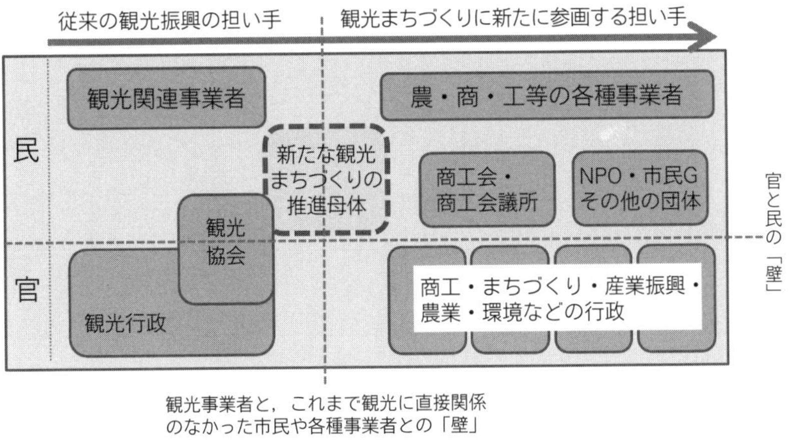

出所：大社充『地域プラットフォームによる観光まちづくり』学芸出版社，2013 年。

DMOを進める上では，行政と観光協会等団体の機能の見直し，再編などを伴い，地方の政治もからみ調整の難しい問題である。前述の「観光地域づくりプラットフォーム」の役割を強化し，公的な役割を付与することにより，文字通り地域を束ねる共同体組織にしていくことも有力な方策だ（図表4－5　新しい「観光まちづくり」の推進母体）。

### 参考文献

大社　充『地域プラットフォームによる観光まちづくり』学芸出版社，2013年。

日本政策投資銀行・日本経済研究所『地域のビジネスとして発展するインバウンド観光―日本型DMOによる「マーケティング」と「観光品質向上」に向けて―』，2013年。

# 第5章 日本の森林資源を活用した地域活性化論
## ―森林・林業の状況と林業の成長産業化へ―

## 1．はじめに

　地域活性化を考える場合，そもそも論から考えることは重要である。それとともに重要なことは，その地域で活用できるものが何かを探求することであろう。多くの地域において，人々の経済活動の源泉は地域の資源であり，地域の資源がどのような状況であるかによって活性化の処方箋は異なってくる。
　この章では，わが国の資源のうち，再生可能であり，かつ極めて有望である森林資源を活用した地域活性化について論じてみることとする。
　わが国の多くの地域での地域活性化の手段として森林資源を活用することを期待するものであり，森林という資源を他の地域資源に置き換えて考えることにより，幅広い検討の手法となることも期待するものである。

## 2．世界で減る森林，日本で増える森林

　読者諸兄は森林についてどのような考えをお持ちであろうか？
　貴重な森林は守らなくてはならない，木を伐ることはできるだけ避けるべきだ，あるいは経済活性化のためには伐ることこそ重要だ，いろいろな考えがあるのではないかと思う。
　地球は緑の惑星であると言われる。地球の緑の源は，森林に代表される植物である。現在，地球の陸地のうち約30％が森林に覆われている。この量は多いのか少ないのか，どう思われるだろうか？

少し時代を遡って，といっても，人類が堂々と歴史を紡いでいる300年くらい前まで遡ってみると，地球の約50％が森林に覆われていたそうである。ほんの少しの時間に多くの森林が失われたということであり，世界の大きな課題が「森林を減らすな」ということなのも当然であろう。

　ちなみに，なぜ森林を減らさないことが大切かというと，そもそも地球上の$CO_2$を吸収して酸素を供給してくれるという貴重な機能があるからである。森林は酸素の供給と二酸化炭素の吸収，地球温暖化の防止に大きな役割を果たすべき存在なのである。それに加えて生物多様性の維持などさまざまな機能を地球のため，人類のために持っている。

　そのような森林を維持していくために，木を伐ることもできるだけ避けようという運動が繰り広げられてきたのも当然であろう。世界全体でみれば「森は減らすな，木は伐るな」なのである。

　さて，日本でも同じであろうか？

　日本の国土面積は，約3,780 haであるが，そのうちの約2,500 haが森林である。国土面積のうちに森林の占める割合は，フィンランド，スウェーデンに次ぐ高さとなっている。

図表5－1　世界の森林の分布

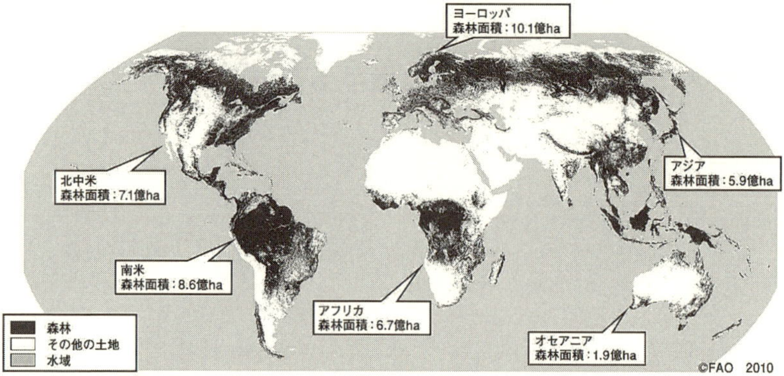

ヨーロッパ　森林面積：10.1億ha
北中米　森林面積：7.1億ha
アジア　森林面積：5.9億ha
南米　森林面積：8.6億ha
アフリカ　森林面積：6.7億ha
オセアニア　森林面積：1.9億ha

森林
その他の土地
水域

©FAO 2010

出所：「平成25年度　森林・林業白書」（林野庁）。

この森林面積は昔からあまり変わっていないが，森林の内容は変化があることに留意いただきたい。

江戸時代，明治時代，そして昭和の初期と日本の森林はあまり豊かでない時代が続いてきた。いわゆる「はげ山」が多く存在していたのである。その理由は何だと思われるだろうか？

日本の森林は，平安時代には寺社の建造により，戦国時代には城郭の建造により，とさまざまな理由で厳しい状況におかれてきた。特に近代からは，燃料としての利用が盛んに行われ，その結果，日本の森は決して豊かではない状況になっていたのである。

図表5－2　滋賀県野洲市の変遷（大正元年と平成21年）

出所：「平成23年度森林・林業白書」（林野庁），一般社団法人全国林業改良普及協会。

しかし，そのような森林の状況を何とかしようということで，1949（昭和24）年には挙国造林に関する決議というものが行われ，翌年から毎年植樹祭が行われるに至り，同時に各地で植林が進んでいったのである。

植林され，育林された日本の森林はだんだんその蓄積量を増してきている。データがある1966（昭和41）年と現在を比較すると，1966（昭和41）年のころは18億8,700m$^3$だったのが，今は49億m$^3$と大幅に増えている。日本の森林「面積」は変わっていないといったが，森林「蓄積量」は森林にある樹木の体積の総和であり，これが増えているということになる。

先輩方が植林した森がまさに今，蓄積量を増してきているということである。

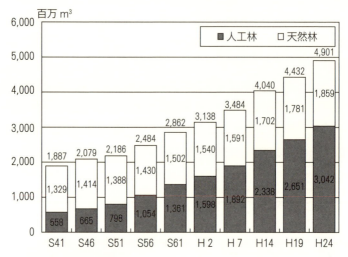

図表5-3　森林蓄積量の推移

出所：林野庁業務資料。

　植林した森林は，そのまま放置しておけばいいというものではない。下草刈りや干ばつといった手入れをキチンとしていくことが大切である。
　こういった手入れは，収穫する材木の質を高めるといった観点で重要なだけではない。手入れが行われない森林は，地表まで光が届かなくなり，土壌が流れ，強風や大雨に対して弱い森林になってしまう。土砂崩れも起こしやすくなり，国土保全の役割を果たしづらくなってしまうということである。
　したがって，できるだけ手入れをしていくことが大切なのである。
　現在は，戦後に植林した森林が育ってきている。間伐して森林の状況を良好に保全することと，収穫物としての材木をキチンと利用することが両立する可能性が出てきている時代である。
　現在は，日本の国土保全のために，生物多様性維持のために，しっかりと間伐してその間伐材を使うべき時代に来ているのである。

## 3．木材の効用

　現在の日本の森林は，伐ることにより，そしてそれを活用することにより活力を産みだせる状況であるということがわかったが，「木材を使う」「国産材を使う」ということはどういう意義があるのであろうか？
　これまでにさまざまな研究により，木材の効用についてさまざまなことがわかってきている。例えば，学校の教室に使われる木材である。
　木造教室または内装木質の教室で学ぶ子供たちは，そうでない教室の子供たちと比べて，インフルエンザで学級閉鎖を経験する確率が2分の1〜3分の1というデータがある。これはその理由もわかっていて，教室にある床や壁面の木材が湿度の調節能力を持っていることが理由である。湿度が高いとき，木材は湿気を吸い取る性質がある。湿度が低いとき，木材は湿気を出す性質がある。これにより教室内の湿度変化が穏やかになり，インフルエンザへの罹患が抑えられるのである。
　この例は，単純な湿度調整能力であるが，そのほかにも色彩によって気持ちを落ち着かせる効果，柔らかさの効果，断熱性の効果，香りの効果など人間の暮らしにプラスとなるさまざまな効果がわかってきている。
　一方，木材の欠点はどうであろうか？　木材の欠点で一番指摘されることは「火事で燃えやすく，地震でつぶれやすい」ということであろう。実際，この欠点のために木造の公共施設はできるだけつくらないようにしようという政府の方針が作られたこともあった。
　しかしながら，最近は耐震，防火についての技術も進歩し，規制も厳格化が行われてきており，「基準を満たした木造建築物については，地震にも火事にもほかの種類の建築物と同様にしっかりしている」というようになってきている。
　使っていただくことがためになり，基準を守れば安全な素材といえるようになってきている。

## 4．木材の活用（建築物，住宅）

　政府では，2010（平成22）年に公共建築物の木造化を促進するための法律を制定した。
　この法律は，公共的な建築物においてできるだけ木材を使うことを促進しようということを目的としており，いくつかの事項が定められている。
　そのうちの重要な1つは，国が造る公共建築物は低層の場合，原則として木造としなければならないというものである。農林水産省の地方庁舎などもこの原則に従い，新たに建てられるものは木造となっている。建物の性格により必ず木造にできるかと言えばそうでない場合もあるが，まず隗より始めよということで国が率先的に動き出すこととしたことは大きな意義があると考えられる。
　特に，国が率先して木造建築物を建てるということは，国の施設建設担当部署がさまざまな例を率先して産みだすことにもなり，波及効果が期待できるところである。
　第二は，各都道府県，市町村はその地域における公共建築物の木造化に関する方針を作ることができることとなっている。これまでにすべての都道府県で方針が策定されており，市町村においても3分の2を超える市町村が計画を策定済となっている。今後さらに増えることが期待される。
　このような中で，地域の地方公共団体においては，木造で特徴のある建築物をつくろうという動きが増えてきている。学校の施設，図書館，音楽ホール，消防署，駅舎などさまざまである。
　これらに合わせて，一般の住宅においても木をふんだんに使おうという動きが出てきている。さらに国際的には将来は木材の調達が難しくなることも予想されることから，身近な国産材を活用しようという動きが顕著になっている。
　このような時期に林野庁において「木材利用ポイント制度」が実施された。これは新たに建てる木造の住宅に対して，一定量以上の木材を使用した場合に最高30万ポイント（1ポイントは1円相当）を差し上げるものである。家電のエコポイントと同じような考え方の制度である。

図表5－4　各地の木造公共建築物

市役所庁舎
（熊本県上天草市）

小学校
（愛知県新城市）

消防署
（埼玉県秩父郡皆野町）

国際教養大学図書館
（秋田県秋田市）

保育園
（新潟県上越市）

病　院
（鹿児島県西之表市）

観光施設
（高知県高知市）

出所：林野庁業務資料。

　この制度の実施と軌を一にして，住宅メーカーではさまざまな取り組みが実施されている。木材の使用量を増やした住宅や地域の木材を使っていることを特徴づけた住宅などができつつある。
　特に重要だと思われる動きは，「地元の材を使う」ということがプラスのイメージになってきているということである。

## 5．木材の活用（木質バイオマス）

　最近の木材の活用で重要だと思われることのもう1つに「木質バイオマスとしての利用」が挙げられる。
　前述したとおり，わが国において石油や石炭が燃料の主役になるまでは木材こそがわが国の燃料の主役であった。もう一度，燃料としても活用しようというものである。
　この活用については，大規模型と小規模型，発電と熱利用という方法の差に

留意することが必要であろう。

　まず，木質バイオマス発電の状況について概観しよう。

　木質バイオマス発電とは，石炭火力発電の燃料の石炭の部分が木質チップに置き換わったものだとイメージすると理解しやすいと思う。

　基本的には火力発電であるが，いくつかの特徴がある。まず第一は，再生可能エネルギーであり地球温暖化を防ぐ効果があるということである。これは石炭や石油といった化石燃料ではなく，太陽の恵みで空気中にある二酸化炭素を吸収してできた木質チップが燃料であることによる。

　第二は，安定電源であるということである。再生可能エネルギーのうちの太陽光，風力については，夜間や風がないときには発電ができないが，木質バイオマス発電は燃料を入れ続ける限り連続で発電をすることが可能である。

　第三は，地域への経済効果が高いということである。太陽光発電はパネルを設置してしまえば，あとは太陽の日射によって自動的に発電が進むが，木質バイオマス発電は燃料を入れ続けなければならない。また発電所にも人が必要である。すなわち，地元には木質チップ代という燃料収入が入り，雇用も確保できるということである。

　再生可能エネルギーに関する固定価格買取制度が創設され，一定額で一定期間の売電が可能となったことから，木質バイオマス発電の実用化が始まっている。一例として，5,000キロワットの発電所について説明すると，年間の電力収入は約12億円程度となる。このうちの半分以上が燃料代となって地元に還元されることになる。

　使用する木質チップに制約はないが，一般的には柱などの高額で取引できる部分はそちらに回すほうが有利である一方，発電用の木質チップにはどのような部位でもチップになりさえすればいいことから，林地残材と言われるこれまでは伐採時に山に放置していたものも活用できるというメリットがある。

　第一号となった会津地方の例では，発電所の雇用が14人程度，林地残材の活用などで50人以上の雇用が新たに生まれたと推計されている。

　5,000キロワットの発電所というと，例えば50万キロワットの原子力発電所の100分の1の大きさである。木質バイオマス発電所を1機作ったところで，

日本の電力供給力にはたいして影響しないかもしれないが，地域活性化という観点では大きな意義があるといえるのではないか。

さて，大規模発電所に比べると小規模な5,000キロワットの発電所であるが，山村地域においてはかなり大きな規模のものともいえる。集材範囲（燃料を集める範囲）が広範囲になってしまう，広い範囲での関係者の合意形成が必要となる等の課題がある。

このような観点から，さらに小規模の発電所を推進しようという動きも出てきている。例えば1,000キロワット程度の発電所ができないかということである。

しかし，ここには新たな課題がある。1,000キロワットの発電所であれば5,000キロワットの発電所に比べて初期コストも運転経費も5分の1となれば実現可能性は高まる。しかしながら，規模を小さくした場合，初期コストがその分だけ下がらない，運転経費が高くつく，さらに発電効率が下がってしまう，などの問題点がある。

これらの課題を解決できるような技術開発などが続けられているが，早期に具体的な実例が実現することが望まれる。

規模の問題に加えて重要だと思われるのが，発電と熱利用の問題である。

木質バイオマス発電に限らず，火力発電においてはその燃料が持つエネルギー量の一部分しか電気として取り出されない。一方，木質バイオマスを熱として使うことができる場合は，その燃料が持つエネルギーのかなりの部分を利用することができる。

すでに流通している木質バイオマス燃料である木質ペレットは，エネルギーあたりの単価が軽油などと同等または安くなる例も出てきている。化石燃料を利用したボイラーなどを木質バイオマスを利用したボイラーに変えることにより，地域の資源を活用し，地域に雇用と経済効果をもたらしながら燃料を調達できるようになることは意義があるといえよう。

木質バイオマスの熱利用についても，規模の問題が存在する。小規模でありながら効率的なものの開発が望まれるところである。

なお，発電か熱利用かという議論がなされることがあるが，これは一概に議

論できることではないというのが私の考えである。

　熱利用のいいところは効率がよいことである一方，発電のいいところは固定価格買取制度の下では販売先が必ず存在するために安定した経営ができるということである。熱利用についても安定的な販売先があればいいが，そういったものがない場合まで発電を否定することはいかがなものかと思う。

　要は地域の人々がどのような展開がいいか，どのようなリスクがあるかをよく考えることが重要である。

## 6．木材の利用（新たな動き）

　木材を住宅の中で見える形で使うのは，現在では一番高級な使い方であろう。一方，木質バイオマス発電，木質バイオマス熱利用のようにエネルギーとして使うのは，一番安価な使い方であろう。

　木材の特徴を踏まえれば，どちらも大切であるといえよう。

　これらに加えて，さらに木材の利用に関する新しい動きも出てきている。今後は多方面の利用が大切であると考えられる。

　その動きの1つが，CLTなどの木材片を貼り合わせて活用するものである。CLTは木材のラミナ（板材）を直行方向に重ねて貼りあわせたもので，極めて強度が強くなることが特徴である。ヨーロッパで多く使われるようになってきていて，8階建てのビルなどがすでに建設されている。

　高層ビルに使われるのは，それに耐える耐震性，耐火性があることはもちろんであるが，施工性（コンクリートを流し込んで養生するような手間と時間が必要ない）も大きな理由である。日本でも注目されつつあり，さまざまな基準規制についても改正に向けた検討が急ピッチで行われている。

　CLTだけでなく，耐火性の木材もさまざまなものが開発されている。これらにより，都市内のビルなどにおいても木造の趣きを持ったものが建設できるようになってきている。

　また，これらの新しい建物用の木材以外にも，土木工事用の木材利用が進みつつある。ガードレールや地盤改良のためのくい打ち工など，木の持つ特徴を

活かした土木用途での活用も進みつつある。

　土木面での木材利用は，土木学会の方々が研究を進め，活用に向けた動きをしていることが大きい。どのようなことでも木がいいというわけではないが，木が十分な役割を果たせる部分においては地元の木を使うことが，土木工事においてもさらに地域の雇用・経済にプラスの影響を与えるので推進していきたいという方針だという。

## 7．森林の効用

　森林が生産する木材についてみてきたが，地域活性化のためには森林そのものを活用することも重要である。

　きれいに手入れされた人工林，手つかずの自然が残っている天然林，さまざまな森林の姿は見ているだけで人々の心に癒しを与えてくれる。

　森林を歩くことは「森林浴」とも呼ばれ，健康にプラスの効果を与えてくれることについては多くの研究成果が発表されている。

　森林浴など森林を歩くことによって，人間の血液中に存在するナチュラルキラー細胞，すなわちガンなどと戦ってくれる細胞の活性が増加し，健康にプラスの効果を与えてくれる。このような健康へのプラス効果は，原理が科学的にわかっているものだけでなく，経験的にわかっているようなものもたくさんある。このような森林の効用については，例えばドイツなどのクナイプ療法に取り入れられているように，世界で効果を活用する動きが盛んになりつつある。

　わが国においても森林セラピーの基地として森林を整備し，都市住民などの癒しの場として提供するなどの動きはこれから盛んになってくると考えられる。

　森林セラピーを推進している地域では，地域の住民が地域の森林，その中の動植物をよく知ることから始めて，森林浴をするお客さんに対するガイドなどで雇用を生み出している地域がある。せっかく森を歩くのでも，ガイドと一緒に木の種類を教えてもらったり，自然の感じ方についてのアドバイスを聞いたり，ねっころがったりするのに適当なスポットを案内してもらったりする体験をすることは，単に何も知らずに森を歩くのとは違った発見，癒し効果がある

ということで，好評である。

　このような活動を進めている地域はいくつかあるが，その中の長野県信濃町では，ガイドの人材養成に力を入れるとともに，企業の初任者研修や福利厚生としての取り組みと積極的にタイアップして実績を伸ばしている。企業側は研修に活用することで，社員の離職率が減ったり，心の病になる率が減ったりというメリットがあるということで継続的な利用が続いている。

　都会人のいろいろなストレスの対策としても森林浴，森林セラピーは有効であるといえよう。

　森林を歩くという点では「森林トレイル」と言われる活動も行われるようになってきている。トレイルの整備も今後は重要になってくると考えられる。

## 8．林業・森林整備の方向

　これまで日本の森林については資源が増してきていること，この資源を活用する新しい需要を開拓する動きが出てきていることについて述べてきた。

　これに対する供給についてはどうであろうか？

　わが国においては，戦後，経済復興につなげるために木材生産のための伐採が盛んに行われてきたが，資源量の問題，木材価格の低迷などにより伐採量は減少していた。木材価格について言えば，価格の低下は著しく，杉などの原木価格を昭和50年代と比較すると4分の1程度になっているほどである。なお，この価格の下落は為替の変動によるところも大きい。1ドルが360円であるときと100円であるときではどうしても差があるのはある意味仕方のないことでもある。

　ちなみに木材生産に対するマスコミ論調は，時代によって異なっている。昭和40年代初めは，「経済復興のために木材生産は大切であり，天然林の伐採をもっと行うべきである。」という論調が主流を占めたが，40年代後半には，「森林の機能は木材生産だけではない。伐採をできるだけ抑制すべきである。」というようになっている。

　現在はどうかというと，若干，「木は切るな」的な論調もあるが，おおむね

「人間が手を入れた森林については間伐などしっかり手を入れるべき。また持続可能な形で森林林業が営まれるように植林，手入れ，伐採をきちんとしていくべき。」という論調になっているように感じられる。

伐採量が減っていた日本の森林だが，今後はこれを効率よく伐採し，木材を生産できるようにしていくことが重要である。

よく言及されるドイツやオーストリアの林業には，日本の林業の展開を考える上で参考になることがある。

まず，ドイツであるが，森林面積は約1,000万ha，日本の森林面積は約2,500万haなのでだいぶ少ないように見えるが，伐採可能な人工林が多いので，林業の対象となる森林という面では同じような面積があるといえよう。ドイツでは，年間日本の3倍程度伐採しているとのことである。ドイツも持続的な森林経営ということを標榜していて，年間の成長量の60～70％程度を伐採の限度としているようであるが，いずれにしても日本より圧倒的に多く伐採していることは間違いない。

そして，ドイツの林業の特徴は，密度の高い森林内の作業道と機械化された林業の施業である。具体的に言うと，日本では1haの森林の中に約17mの作業道が入っているがドイツにおいては100m以上となっている。高密度の路網（作業道が網の目のように入っていること）は，伐採作業の効率を極めてよくする。また，高密度な路網を活用して，高性能林業機械と言われる林業機械を使うことにより，人力だけでの作業の何倍もの作業ができるようになる。

このような点を参考にしつつ，さらに地形条件などの日本の特徴も踏まえた林業施業の効率化に取り組み，成果を上げている林業事業体，森林組合が増えてきつつある。

効率的に伐採ができれば，作業する方々の収入も高く設定することができ，地域の雇用確保に大きな貢献を果たすことができる。

このような取り組みを国としても支援していくこととしており，徐々に成果がでてきているのではないかと感じている。ここ2～3年は，伐採量も全国レベルで増え始めている。さらに，伐採量の増加は供給の増加であり，供給増加により価格が下がることがこれまでの実態であったが，需要が堅調であるため

価格もさほど下落せず，一部上昇するような展開になっている。

## 9．地域で何から取り組むべきか

　さて，これまで述べてきた森林林業関係での最近の動きを踏まえ，各地域では何から取り組むべきであろうか。

　太陽の恵みは日本全国どこでも降り注ぐので，太陽光発電は場所の確保ができればどこでも大丈夫という考え方もあろうが，木質バイオマスにおいてはそうはいかない。木質バイオマスの発電施設，熱供給施設についていえば，原料の供給体制，施設の運営体制，需要（熱や電気の販売先）などがキッチリ整理できないと事業の成功はおぼつかない。

　結局，地域の森林の状況がどうなっているかを把握すること，そして，これまでどのように活用してきたかを把握することから始めるのが早道ではないかと考える。

　森林としてどのように利用できるか，については，地域の人々がその地域の森林の良さを発見できるかどうかが重要であろう。

　また，木材としての活用については，林業者の状況とともに加工業者などがどのような体制でいるかも重要であろう。

　このような体制の上に，新たなビジネスとしてどのようなことができるかを検討していくことが大切であると考えられる。

　西粟倉村の取り組みは，新しい森林産業として家具をはじめとする新しい産業を興し，若者を地域に呼び集めたすばらしい取り組みであるが，その取り組みにおいても地域の資源，単なる森林の状況だけでなく森林組合や村役場，関連する事業者などの状況をよく把握し，活用するところは最大限活用するところから取り組みが始まっていることが重要だと考えられる。

## 10．おわりに

　森林資源の充実状況，人々の森に対する思い，さまざまな新技術の開発。こ

ういったものが相俟って，地域活性化に資する新たな取り組みが各地で動きつつある。今はまさに，森林資源を活用したビジネスが拡がっていく時期であるという思いを強くしている。

　地域資源の状況はさまざまである。したがって，まったく同じ展開ができるということはほとんどない。地域の状況にあわせなくてはならない。地域ごとの特徴をしっかり把握してそれを活かすことが大切である。

　一方，取り組みを始めるにあたっては，完全なオリジナルで進める必要もないと思われる。先進事例をよく観察し，そこからヒントを得て，いいところは真似て進めることも大切だというのが最近強く思うことである。

　ぜひ，地域の資源を最大限に活用して，地域活性化に努めていただきたい。

# 第6章 地域活性に対する地域情報化施策の役割

## 1. はじめに

　地域活性を目的とする情報化政策ないし情報化施策は地域情報化というネーミングで定着しており，電子自治体を構築する1つの手法となっている。電子自治体の構築すなわち地方自治体の情報化には，大きく分けて行政情報化と地域情報化の領域があるが，前者は行政事務の効率化を目的とし，後者は住民生活の向上ないし行政サービスの向上を目的とするものである。この住民生活の向上には地域の活性化が重要課題とされ，これには社会変革をもたらすことを期待する情報通信技術（ICT）の活用が当然とされている。

　さて，地域活性と情報化というタームにはどちらも曖昧な概念を含んでいる。まず地域である。地域は土地空間に対する概念であるものの，この2文字だけではその範囲が明確でない。すなわち，人それぞれに地域に対する土地空間の範囲は違っている。広くは極東地域や北欧地域という世界観から見た空間もあり，国レベルでは西日本地域や関東地域といった比較的広い空間，狭くは・・町の・・地区という日常の生活圏を言う場合もある。しかし共通して言えることは，全体の領域に対しその一部を指すことは明白である。次に情報化である。この概念はコンピュータやメディアが関係することは明確であるが，それがどのような技術によるどのような行為なのかは，人それぞれに解釈の違いが生じる。この2つのタームに対して曖昧な概念のままで，いくら正しく論理的に話を進めたとしても，その結果は曖昧な結論に至る危険性を持つ。したがって，論を進めるにあたって地域の概念と情報化の概念を明確にしておく必要がある。

　次に言及しておかねばならないのは，地域情報化という行為はそれほど新し

い行為（政策）ではないということである。すなわち，この領域が政策として取り上げられたのは最近のことではなく，これまで多くの試みがあり，それに対しそれなりの評価がなされてきた。そこでこの地域情報化政策の歴史的な経緯を論じておく必要がある。その変遷を明らかにすることが，この施策の評価につながっていく。

　もう1つ論じておかねばならないのは，政策を評価して何らかの課題があるとした場合，今後どのような観点に立ってその政策を展開する必要があるかという点である。これまで国や地方自治体が打ってきた情報化政策は，必ずしも成功したものばかりであるとはいえない。したがって，地域情報化を進めるにあたっては，今後どのような点に注意を払って政策立案するかが重要テーマとなる。本稿は以上の視点に立ち，論を進めていくこととする。

## 2．地域情報化と地域

　本論を起こしたきっかけは，地域活性のために進めてきた情報化施策（地域情報化施策）は本当に有効な手段であったのか，という素朴な疑問からである。地域活性には，商店街の活性化，中心市街地の活性化，地場産業支援，地域コミュニティの再生，産官学共同，中山間地域での高齢化少子化対策，田舎暮らし支援，IターンJターン施策，定住圏構想，等々さまざまな手段が挙げられるが，その中でも情報化施策は先端技術を導入するという点で比較的目新しい手法とされている。地域活性の明確な概念整理とその手法については他の稿に委ねるとして，地域活性を目的とする地域情報化を論ずるにあたって，地域の概念は整理しておく必要があると考えている。

　まず地域というタームには，地方と若干のニュアンスの違いが存在する。この議論に関しては丸太他の『地域情報化　認識と設計』(2006)に詳しく述べられているが，地方には中央という対立概念が存在することであり，ここには両者の上下関係や優劣関係が見え隠れする。地方分権というタームには多分にこの考えが根底に存在すると考えてよい。すなわち地方分権論は，中央集権的な権力を地方に引っ張り込む意味合いがある。一方，地域には中央という対立概

念はなく，あるまとまりのある空間を意味する。ここには首都圏である東京も，中央から遠く離れた地方の村も，同一の権利を持つ地理的空間を意味する。しかし地域活性という場合，一般的にはひなびた地方や過疎化する地方を意味することが多く，そこでの活発な人的活動や経済活動の期待を意味する場合が多い。その背景には，疲弊した地方をどのように活性化させていくかの議論と結びついている。この種の地域活性は，シャッター街化した地方の駅前商店街，高齢化し過疎化する中山間地域，人の行きかいが不便な離島など，経済的ハンディキャップを持つ地域（地方）の活性化が主な対象となり，どうしても中央集権に対する弱みの構図を背景に持っている。

　それでは，地域はどの辺りを指しているのかという指摘がでてくる。はじめにも述べたように，世界観から見た場合，極東や北欧といった地理的空間を指す。また日本という場合は，関東や関西という比較的広域圏を意味する場合や，住居する生活圏やかつての隣邦である町内会レベルの狭い範囲を意味する場合がある。地域情報化を進めるにあたっては，その施策をどう展開していくかに関心が持たれ，行政との関係が深くなることから，結果として行政区画を中心としたエリアを対象とすることが多くなる。したがって地域情報化を論ずる場合，基礎自治体である市町村かその広域圏である府県レベルを対象とすることが多く，その空間にどのような情報通信技術を投入する施策を導入するかの議論となる。

## 3．情報化の概念整理

### 3.1 情報の持つ特質

　情報化というタームには，若干腑に落ちない意味合いが含まれている。情報は一般名詞であり見えないモノではあるが，ある種の対象とするモノは存在する。名詞に"化"が付加することで，それへと変化する様あるいは状況，ないしそれへ変化させる行為を意味する。実態を意味する名詞に"化"をつけることに対して若干の抵抗はあるが，ここではこの疑問には深く入り込まないことにし，情報と情報化の関係を整理しておく。

情報の定義はさまざまでなされており、すでに一般名詞化していることから、あまり精緻な定義らしい議論は避ける。広辞苑では、「事情の知らせ」、「ある事柄の知らせ」、「判断を下したり行動を起こしたりするために必要な、種々の媒体を介しての知識」としているが、前2つは単に事象表現を意味しているのに対し、3番目は判断するための素材を言っており、後者は前2者よりはレベルの高い意味を含んでいる。加藤は『組織と情報の文明論』(1982, p.99)で、「生命に何らかの反応をおこさせるような環境からの刺激」としており、梅棹は『情報帆文明学』(1988, pp.29-30)で、「人間と人間の間で伝達される一切の記号系列」とする。また西垣は『情報基礎学 生命から社会へ』(2004, p.2)で、「情報とは、コンピュータ・メモリーに蓄えられたデータや断片的なものではなく。その本質は生命による意味作用であり、意味をあらわす記号同士の論理的関係や、メディアによる伝達作用」とする。加藤や梅棹は広辞苑の前2つに対応し、西垣の場合は広辞苑の3番目に対応する。このように一見単純そうな情報という言葉の意味合いは、論者によってかなりの差が出ているのは事実である。

　われわれは日常生活の中で情報という言葉を何気なく使っており、特別な文脈以外では"情報とはこのようなものである"と特に断る必要はないが、これを対象にした議論に入り込むと、途端にその多義・多様性に立ち往生することになる。本論を進めるにあたっても、議論の混乱を避けるためにここで扱う情報の範囲や内容を明確にしておく必要はあろう。広義には、先ほど紹介した加藤のような人間社会を超える自然界の物質・エネルギーまでの広範囲な意味合いもあるが、ここでは梅棹的な解釈に近い人間の社会的活動から派生したものととらえ、"事実（事象ならびに思考）を人間の分かる記号に変換あるいは表現したモノ"とする。この定義で共通の認識は充分得られると考える。

　事象・思考を $R$、情報を $I$、事象・事実を情報に変換する作業を $f$ とすれば、$I=f(R)$ となり、情報 $I$ をもとに再現した想像は $R'=f^{-1}(I)$ と表現される。

　次に情報の持つ特性を述べておく。これが情報化と大いに関係するからである。

第1の特質は，意味のシンボル化である。情報は事実を何らかの媒体上に表現させた無形財である，それには表現したい主体の意思ないし気持ちが存在する。すなわち発信側と受け取り側での記号のやり取りが発生するが，その記号には発信者の意図が込められている。単なる記号ではなく意味を持っているのである。情報表現の最小単位はビットであるが，その組み合わせによって一番シンプルな形の記号が作られ，それがシグナルとなる。このシグナル情報を意味のある情報に変化させていくには，シンプルな記号の組み合わせと，さらなる記号の組み合わせによる意味づけのプロセスを必要とする。このように，単なるシンボルとしての記号情報に留まらず，複雑な状況を表現する構造的な形の文脈にまで高度化されていく。意思表現の結果が文脈になるのであるから，逆の言い方をすれば，そこには意味が込められているということでもある。したがって，情報は意味をシンボル化したモノであるといえる。

　次の特質は，分割化により意味が曖昧になることであり，時には意味不明にまでなる。すなわち不可分性の性格を持つことである。情報表現することで，それが持つ意味合いを伝えようとするのであるが，表現したモノを分割してしまえば正確な意味が伝えられないのは明らかである。もし分割しても同値の意味合いを持つのであれば，それは冗長性を含んでいることを意味する。

　第3の特質は，表現したモノは受信者にそれが残ってしまう残存性である。ある意味では，言ってしまえばもう終わりなのである。配信情報は回収不可能である。これは，情報の取引においては不可逆性の問題を引き起こす。この性質は，次のコピー可能性と同種の性格を持っていることに注意を要する。

　第4の特質は，複製可能性（コピー可能性）である。コピー可能ということは，価値ゼロの状況を生む。ゼロとまではいかなくとも，コピーした大量の財が簡単に広まるとなれば，その価値は無に近づく。しかし面白いことに，価値のある情報ほどコピーされやすい。面白いゲームソフトほど海賊版の出現に悩まされる。逆説的ではあるが，コピーされることは良い商品である証であるかもしれない。情報は意味にその価値があり，オリジナルの情報と複製された情報は媒体の違いはあるかもしれないが，意味からすればまったく同値であり，本物と偽物（コピー）は同じ価値なのである。授業で一所懸命とったノートと

スマホでそれを写した写真とは、まったく同じ価値を持つのである。

　第5の特質は、価値低減性である。これはコピーと深い関係があるが、情報が広まれば広まるほど、その価値が低減していくのが一般的である。情報は秘匿することで他からその価値を認められる一方、より多くの人に知らせてこそ本来の意味がある。自分一人の所有物にすることで高い価値があることと、多くの人に知らせることでその価値が認められることには矛盾が存在する。人知れず持っている美術品を一人楽しむことはそれなりの喜びを感じるであろうが、楽しんでいる行為を人に知らせなければ優越感は得られない。これは情報も同じである。いずれにしても情報の拡散は、その効果が低減していくのである。

　第6番目に挙げられる特質は、それを使ってみるまでその価値がわからないことである。有形の財は、見ることでほぼその機能はわかる。しかし情報は、見ただけではそれが本当なのかどうか判断がつかない。その情報をもとに行動して初めて、それが信用できるものなのかどうかが判明する。これが情報に対する信用と非常に関係が深くなる。

　そして最大の特質として挙げられるのが、情報処理の道具が使われるということである。事実を表現し、それを加工し、伝達したりする行為は必ず発生する。これを情報のハンドリングという言葉で表現するとすれば、そのためには必ず道具を必要とする。手旗信号の旗、計算のための算盤や電卓、記述のためのノートや鉛筆、などが良い例であろう。この道具が、本稿で論じる情報化ないし情報システムと深い関係を持つ。

## 3.2　情報に求められる要件

　経済財はそれに価値（値打ち）があるからこそ有用なので、無価値なモノには誰も見向きはしない。情報の価値論については、野口が『情報の経済理論』(1988) で詳しく述べている。ここでは情報の価値論は深く追求しないことにするが、概ね以下のように考えて良い。

- 情報を取得せずに意思決定をすることで得られた利得：V1
- 情報を取得して意思決定をすることで得られた利得：V2

- 情報を取得するための費用：E
- 情報利用による価値をVとすると，V＝V2－V1
- V＞Eの場合は情報には価値があり，V≦Eの場合は情報の価値はない

　さて，この価値を高めるにはどのような要件が求められるであろうか，以下にそれに要求される事項を整理しておく。

① 正確性

　実情や思考を知らせるものであるから，まず正確であることが必要である。ある情報が発生するとその内容に対する精度の割合を正確性と規定すると，その正確性の許される範囲はその情報を利用する状況に左右される。例えば，図書館で文献を検索する場合，検索システムから提供された文献リストが希望していた資料の90％もヒットしていれば十分満足されよう。しかし医者の診察では100％の診断結果を期待する。このようにどこまでを許容するかはその利用する場面で違いはあるが，正確性は情報に求められる最大の要件である。

② 適時性

　次は情報取得時（提供時）のタイミングである。情報は判断する時点や意思決定の時点でその情報が届いていない場合は，いくら正確であっても何の役にも立たない。いわゆる適時性が要求される。実はこの適時性の問題は，正確性と相反する要素でもある。正確性を増大させるには，情報取得量を多くすることが必要である。一般的には時間経過とともに正確さが増大するものであるが，適時性を減少させる結果ともなる。おもしろい話として，現在の時間を尋ねるのはあまり意味がないと言われている。現在何時何分何秒ですと正確に答えたつもりでも，その時点で正確な時刻にはなっていないのである。

③ 簡潔性

　情報に必要とされる次の要件は，簡潔性である。事実を正確に知らせるためには完璧な情報でなければならないが，完璧な情報を用意することはほとんど不可能で，事実を忠実に表現するには発生していることすべてを表現することである。確かにこれは正確であることに違いはないが，使いものにはならない。いくら完璧で正確な記述がなされていても，冗長な記述では誰も読もうとはし

ない。したがって正確な情報を簡潔に記述されることが望まれる。

④ 希少性

そこいらに氾濫している情報はまったく意味がなく，希少性があるからこそ人はその情報に飛びつくのである。あの人はどこから情報を得てくるのだろうという噂ほど恐ろしいものはなく，その人は重宝され他の人との差別が生まれるのである。報道関係ではよく要求される事項であり，特ダネなどという言葉が生まれてくる。なお，これはコピーとの関係が深いことも注意しておく必要がある。

⑤ 新規性

古い情報には見向きもしないのが一般的である。それはもう古いよと言われるほど，情報提供者の評価を落とす怖い言葉はない。実はこの新規制は，希少性と大いに関係が深い。一般的には新しい情報はそれほど広まっておらず，希少性が高いのである。また適時性の項でも述べたが，正確性に欠けるかもしれないという欠点を持つことを忘れてはならない。

## 3.3 情報化と情報システム

情報化とは，そもそもどのようなことを言うのであろうか，ここで情報化の概念を明確にしておく必要がある。3.1でも述べたが，"化"の付与は行為への名詞化である。また現象でもある。ここには情報が飛び交っている状況がイメージされる。そのための情報処理機器がそこいら中に散在し，それを皆が使いこなしている光景が目に浮かぶ。情報機器を使って自分の考えや見た事実を機器に打ち込み，ネットワークを介して離れたところに伝え，これに対して遠隔地ではその伝わった情報を取得し，それをもとにアクションを起こす。まさにユビキタス社会に期待された光景が思い起こされる。現実社会を情報空間に変換することと，変換された情報空間から現実社会に戻す行為（逆変換の行為）が情報化といえる。この変換と逆変換に使われるのは道具である。3.1の情報の持つ特質で述べたように，情報を処理する行為には，必ず道具が使われるのである。鉛筆で紙の上に書きものをする，お金の計算に算盤や電卓を使う，手旗を使って船舶の間で連絡をする，などはまさに道具ありきである。

それなら昔から情報化の行為は立派に存在していたではないか，なぜ最近の新しい言葉として使われるのかという反論が出るであろう。1つは，情報社会の意味することに関係する。そもそも情報社会は情報を経済財とする社会であって，従来の物的財を対象とする社会経済ではない。すでに1960年代の終わりに，林は『情報化社会』(1969, p. 69)の中で「社会の情報化と言う言葉の中身は，物財生産の社会から情報生産の社会に移転することであると考えられる」と言っている。こう考えれば，情報を生産し流通させ，それを消費する社会では，意識して情報の生産と流通を行う必要が生まれる。そのために，その道具を意識して使う行為が発生する。この最先端の道具こそコンピュータやインターネットなのである。もう1つは，情報化なる手段を近年の重要施策として行政が取り込んだことにある。行政は住民サービスのために，あるいは地域経済振興のために施策を打ち出す。そのためには新しい施策を注入することで社会にインパクトを与えることが重要である。最近の技術革新の最先端は，情報通信技術が先行している。この技術を施策展開に導入し，住民サービス，経済振興，あるいは福祉政策に生かそうとするのは至極当たり前のことである。

　このように情報社会が次世代社会の姿として認知され，行政施策の新テーマとして情報技術を活用することが近年の流行になったことが，情報化を表舞台に登場させたのである。ここでは，情報化とは"最先端の情報通信技術を意識して導入する行為"としておく。

　さて，この情報化には情報を処理する道具と情報を伝達する道具が必要であると述べた。情報処理には入力，演算（計算・比較），記録・記憶，出力などの行為が発生する。これに対して，高速・大容量・簡易な操作を持つ道具が選ばれるのは当然である。一般的にはその道具は単機能である。鉛筆は紙に書く（入力）ための道具であり，紙は記録し見せる（記憶と出力）ための媒体であり，電卓は計算する（演算）ための道具である。可能なら，その機能をたくさん持つ多機能な道具が望まれる。もう1つは自動で動くことが重要である。算盤よりも電卓が，ガリ版よりも印刷機が選ばれる。この自動のためには，プログラム化された操作手順が道具そのものの中に記憶されておかねばならない。この多機能性と自動化を実現した道具がコンピュータなのである。次に，情報の伝

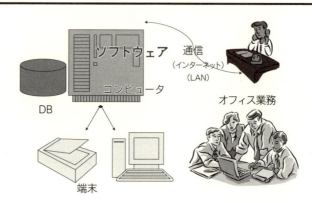

図表6-1　情報システムの基本構成（オフィスを例）

達には大容量で高速に伝達されることが求められる。しかも，発信と受信との間はシークレットなことが望ましい。このためには電子的な伝達手段が最適であり，この最先端の技術がインターネットである。

　情報化を実現するために，コンピュータとそれを自動運転するためのプログラム，情報を蓄積するデータベース（DB），情報を入出力するための端末，これらの道具（機械）の間で情報を伝達するためのネットワークが導入される。この体系だったシステムが情報システムである。

## 4．地域情報化

### 4.1　情報システム活用の場

　情報化の目的は，情報システムを社会生活の場に適用し，情報を利用することでその価値を引き出そうとすることである。それでは情報システムの活用場としては，どのような領域が考えられるのであろうか。

　一般的に，社会の構成は，家庭（家計），職場（産業），行政（家計と産業の調整役）とされている。家庭では，インターネットを通して買い物をする，インターネットテレビを見る，自宅から買い物先への振込やJRや飛行機の予約をする。またマイクロチップが搭載された電子レンジや冷蔵庫は，多くの自動化

された操作が可能になっている。この家庭での情報化は，日進月歩の感がある。職場では，出勤時にまず始めることは，PC を立ち上げ自分へのメールを見ることであろう。そして次に行う操作は，情報共有の社内ポータルサイトに画面を移し，社内で起こっている状況をチェックすることから仕事は始まる。出張はテレビ会議に代わり，事務連絡はほとんど電子メールで済ませる。広報・広告はホームページからの Web 発信になっている。ほとんどの営業マンは電子端末（スマホ）を持たされ，移動時でも社内や顧客との連絡はこれを利用する。もちろん工場では，情報システムによる自動化や機械のロボット化は進んでいる。この職場における情報化は，社会の情報化の先導的役割を果たしている。

もう 1 つの領域は行政分野である。その代表が，国や地方自治体の情報化である。行政も産業界と同様，事務作業の効率化のために 1 人 1 台のコンピュータ化が進んでいる。行政のホームページを通じて行政情報を発信する一方，住民からの申請や企業の入札をここから受け付ける。

図表 6 − 2　情報システムの利用例

このように情報化は組織単位に進んでいくのが一般的であるが，この組織のまとまりに対して情報化が取り組まれる場合がある．その代表的なものが地域というまとまりである．店舗が集まった商店街でカードを発行し，購入に対してポイントを付与し，その処理を商店街組合で処理する仕組み，流通団地や産業団地でコンピュータを導入し，団地内企業が取引先とのオンライン処理や各企業の経理や給与処理を共同で利用する仕組み，地域に存在する公共図書館の蔵書を住民が検索し，貸し出し予約をする仕組み，公共バスの停留所とバスとで連絡を取る装置を設置し，バス到着時刻をバス待ちの人に知らせる処理，などは地域というまとまりで情報化を進めている事例である．これは組織単位ではなく地域に存在する組織が共同で取り組み，コスト削減や地域の住民や企業にサービスを提供する性格の情報化である．この領域が地域情報化である．この特徴は公共性を持つという点にある．

## 4.2　地域情報化施策とその経緯

　地域情報化というタームは，1980年代半ばに出現した"ニューメディア時代の到来"という言葉と関係が深い．このニューメディアは，1980年代の電気通信回線の開放とともに出現した言葉である．1982年に行政簡素化一括法の中で公衆電気通信法の改正が承認された．それまでは電話とコンピュータの接続は限定された分野にのみ許されていたが，この法改正によりどの分野でもその接続が可能になった．また回線の共同使用は原則禁止であったが，利用者の希望によっては可能になった．さらに電話回線は通話向けであったが，データ処理にも自由に活用できることになった．この電気通信回線の開放を契機に，新しい電気通信技術が次々と生まれてくる．CATV，VAN (Value Added Network)，画像伝送，衛星放送，光通信技術などであり，これがニューメディアという新語を生むことになる．このニューメディア時代の到来には，新しい社会である情報社会が形成されるという期待が込められていた．さらに重要な出来事は，1985年の日本電電公社の民営化である．公衆電気通信法は電気通信事業法に代わり，電気通信事業への新規参入および電話機や回線利用制度の自由化が認められた．これとともに国営企業の日本電信電話公社は日本電信

電話株式会社（NTT）へと民営化されるが，新会社の株式 1,560 万株のうち 3 分の 1 は政府保有とし，残りの 3 分の 2 は国会の議決を経た上で売却されることとなった。これを財源として，政府はニューメディア時代の到来という旗印のもとに地域振興策として情報化政策を進めていく。"活力ある地域社会形成には地域の情報化が重要課題である"という主張のもとに，各省庁は高度情報通信社会の実現に向けた地域情報化政策を推進していくのである。その代表的な政策が，1983 年から始めた旧郵政省のテレトピア構想と 1984 年の旧通商産業省のニューメディア・コミュニティ構想である。現在でも総務省・北海道総合通信局の Web からその構想の目的を知ることができる。ここではニューメディア・コミュニティ構想を「ケーブルテレビ，データ通信，コミュニティ放送等の情報通信メディアをモデル地域に集中的に導入することで，各地域の抱える問題点を解決するとともに，情報通信メディアが家庭，経済，地域に及ぼす効果や影響，問題点を実体験を通じて把握し，これにより制度的，技術的な課題，あるいは経済的な課題についての対応策や，ニーズに対応した情報通信メディアの普及方策を明らかにし，向かうべき高度情報社会の諸課題を事前に克服することを目的とする構想です。さらに，本構想はこれらを踏まえ，情報通信メディアを活用した活力ある快適な地域社会の形成促進を図るものです。」と紹介している。

　一方，地方自治体においても地域の情報化施策が展開される。都道府県においては"情報ハイウェイ"を敷設・運用し，域内の情報過疎を解消するのがその代表的な施策であるが，それには多額の経費負担が課題でもあった。市町村においては，先に紹介した国の情報化支援をもとに地域振興策としての地域情報化施策を進めた。商店街のポイントカードの導入，流通団地・産業団地における共同利用，地域 CATV 事業やコミュニティ FM の導入，図書館の蔵書検索・公共施設の予約システム，などがその例である。このテレトピア構想やニューメディア・コミュニティ構想による支援策は 21 世紀を迎え終了していくが，それに代わる情報化政策が登場する。2000 年 11 月に制定された"高度情報通信ネットワーク社会形成基本法"である。ここには「情報通信技術の活用により世界的規模で生じている急激かつ大幅な社会経済構造の変化に適確に対

応することの緊要性にかんがみ，高度情報通信ネットワーク社会の形成に関し，基本理念及び施策の策定に係る基本方針を定め，国及び地方公共団体の責務を明らかにし，並びに高度情報通信ネットワーク社会推進戦略本部を設置するとともに，高度情報通信ネットワーク社会の形成に関する重点計画の作成について定めることにより，高度情報通信ネットワーク社会の形成に関する施策を迅速かつ重点的に推進することを目的とする。」とその目的が明記されている。重要なことは，高度情報通信社会の形成を法の下に進めていこうとしたことである。本法の国および地方公共団体の責務の中で，「国は，高度情報通信ネットワーク社会の形成についての基本理念（以下「基本理念」という。）にのっとり，高度情報通信ネットワーク社会の形成に関する施策を策定し，および実施する責務を有する。地方公共団体は，基本理念にのっとり，高度情報通信ネットワーク社会の形成に関し，国との適切な役割分担を踏まえて，その地方公共団体の区域の特性を生かした自主的な施策を策定し，及び実施する責務を有する。」としている。さらに，施策の策定に係る基本方針の中で「高度情報通信ネットワーク社会の形成に関する施策の策定に当たっては，国民の利便性の向上を図るとともに，行政運営の簡素化，効率化及び透明性の向上に資するため，国及び地方公共団体の事務におけるインターネットその他の高度情報通信ネットワークの利用の拡大等行政の情報化を積極的に推進するために必要な措置が講じられなければならない。」とした。このように，地方公共団体は区域の特性を生かした情報化を施策として実施していくことが法のもとに負託されたのである。

　このような背景のもとに，地方自治体は1990年後半から急速に普及したインターネットを活用しての情報化を行政施策として展開していくことになる。地域ポータルサイトの構築，地域SNSの構築，電子申請や電子入札，観光情報を中心とした地域資源の紹介，地域の安全安心の確保，地域医療システム，などは，Webを活用した住民や観光客に対する主要な地域情報化施策としてほとんどの自治体が取り入れているメニューとなっていく。

## 4.3　最近の地域情報化メニュー

　地域情報化の代表的なメニューを以下に紹介する。

① 地域ポータルサイト

　地方自治体はみずから構築したホームページ（HP）を開設している。これは行政情報の発信，いわゆる広報活動の一環として用意したものである。最近は発信だけにとどまらず，住民からの申請や企業の入札を電子的に行う窓口としても活用している。しかし，このHPは自治体業務に使うのが主な役割である。地域情報化の役割とするには，地域に存立する組織の活動を地域内外に紹介する必要があり，行政HPが持つ行政の広報・広聴機能だけでは限界がある。しかしHPを地域全体の活動に利用する場合，不公平な受発信とならない配慮が必要となる。ここで第3セクターによる地域全体の活動を発信するWebが登場する。これに行政がある程度の負担をする地域ポータルサイトとなっていく。すなわち産官連携という名のもとに展開される地域情報施策の1つである。

② 地域SNS

　地域活性の重要なテーマは，住民の活発なコミュニケーションである。このコミュニケーションがあってこそ，人の交流や経済活動につながる。昔は井戸端会議なる近隣のコミュニケーションの場があった。現在はPCやスマホなどを使ったサイバー空間でのコミュニケーションが一般的となっている。地域SNSはこのサイバー空間を地方自治体が構築し，地域住民に提供する情報化施策である。2004年に熊本県八代市で開設された"ごろっとやっちろ"は，地域活性に寄与したとされる代表的な地域SNSである。

③ テレワーク

　テレワークは情報通信技術を使って勤務場所を変更しようとするもので，主に都市部の通勤緩和や自宅での勤務の視点から議論されてきた。この議論の延長に，より効率的な知的生産環境を提供しようとする地方における就業場所創造の議論がある。情報通信技術を使って緑豊かな地方でコンテンツ制作やソフトウェア生産に従事してもらいたい，という地方自治体の期待がそこに込められている政策である。

④ 防災情報システム

　地震や津波，台風や豪雨などの災害は多大な人的・物的損害をもたらす。この自然活動がもたらすリスクに対応する情報システムは，地域情報化の最重要

テーマである。災害状況の把握と被害実態の発信，避難の必要性の告知，安否確認，などは行政が整備すべき地域情報システムである。防災無線に限らず，インターネットや携帯端末による情報発信と情報取得ができる体制は，行政が主体的になって整備していく性格の情報システムである。

⑤ 電子カルテによる医療機関連携システム

健康を維持するためには，病気にかかった時の治療より予防が大切であることは誰もが認識している。また致命的な病気は，病院での治療が必要となる。かかりつけ医を持つことと，その診療所と地域の中核医療機関の連携体制が整っていること，は健康な生活をおくることになり，地域医療の質を高めることにもなる。この診療機関をインターネットで結び，電子カルテにより医療情報を共有することは，この体制を確保することの基盤である。この試みは各地で実施されてはいるが，全国的な展開はマダマダという状況である。質の高い地域医療を実現させていくために，地域情報化として取り組むべき重要テーマとなっている。

## 5．地域活性を目的とした情報化施策の評価

### 5.1 地域情報化の目的

3.3で述べたように，情報化は先端の情報通信技術（情報通信機器）を意識して組織体に導入し，自身と関係者（ステークホルダー）に利便性や価値をもたらすことを目的とした行為である。現代社会が目的とするのは質の高い社会生活の創造であり，地域社会においては利便性の向上と地域の活性が重要テーマであると言っても過言ではない。この目標を達成する1つの手段として地域情報化施策が提案され，多種多様なメニューが提示されてきた。地域住民やそこに存立する企業への地域情報の発信，住民間のコミュニケーション手段の構築，地域経済を活発化するための情報発信，地域外から観光客を呼び込むための観光情報の発信，デマンド交通・位置情報配信，地域活性化，医療連携・遠隔医療，介護福祉施設連携・情報共有，防災・防犯情報の共有，子育て支援，健康維持・促進，行政情報の発信，住民からの問い合わせ応対，等々インターネッ

トの活用を中心としたプロジェクトが構築され運用されている。

　ここで提起される1つの問題は"地域活性に対してはどのような地域情報化のテーマをとりあげていけば良いのか"である。目的の達成には，それに応じた手法・手段を適用するのが効果的である。実は，この地域活性の内容が曲者なのである。活性には"元気"とか"繁栄"とか"活発"などの概念を含んでいることが暗黙の了解ごととなっており，一般的にはこの概念を含んでの人やモノ（物財）の動きを想定する。しかし物的財とは違った特性を持つ無形財である情報の世界に，"元気"とか"繁栄"とか"活発"などの概念適用は意味があるのだろうか。仮に情報が飛び交っただけで経済的にリッチになったとして，それを活性化した社会であるといえるだろうか。現実社会の中で人やモノが活発に動いてこそ，活性化した社会であるといえるのではないだろうか。情報だけがどんなに活発に飛び交っていたとしても，活性化している世界は見えてこないのである。やはり物財の世界に無形財である情報を適用する（すなわち情報化）ことで，人やモノが上記の概念を含んだ活動になることが情報化による活性化といえるのではないか。

　とすれば，地域活性を目的とする地域情報化には，実社会での地域活性とはどのような現象をいうのかを明確にしたうえで，そのメニューに対する情報システムを適用していく必要がある。災害対策の地域情報化は，地域活性を目的とした情報化とはいえない。安全・安心を目的とした地域情報化は，地域活性を主目的とする情報化とはいえない。しかし商店街の情報化は，商店への顧客誘導を期待する立派な地域活性を目的とした地域情報化プロジェクトといえる。現在の地域情報化は，どれが地域活性を目的としたプロジェクトであり，どれがそうではないのかの区別を曖昧なままにして，ともかく施策導入が先行している感がある。

　ただ，地域SNSに見られるように，人々がそのサイバー空間上で活発なコミュニケーションを行うこと自体がサイバー空間での活性であるという主張は，物財を中心とする実社会の影が薄くなり，情報社会が経済社会を引っ張っていく時代では，当を得た主張となるのかもしれない。

## 5.2 地域情報化推進の主体

　地域情報化は，主に地方自治体の施策課題として推進してきた。今後も地方自治体にその役割が期待され，地方自治体が主体となって進めていくものと考えられている。そこには次の考えが通念として定着している。地域の問題あるいは地域課題の解決は，行政が担うものであるという考えである。かつての社会は，地域問題・課題にはそこに住む住民がみずから対応してきた。そのためにさまざまな組織ないしグループが地域には存在した。町内会しかり，農村会しかり，婦人会しかり，青年団しかり，消防団しかり，である。この地域にねざす組織が地域問題・課題を解決してきた。それが社会の近代化とともに，その担い手が行政に移っている。現代の地域における重要課題は，衰退する地域の活動をどのように活性化していくかにある。この地域振興・地域活性の担い手は行政である。活性化の手段として地域情報化がある。したがって，地域情報化の担い手（主体）は行政である。この論理が通念として定着している。しかし"地域情報化を進める主体は本当に地方自治体なのか"という素朴な疑問が出てくる。情報化は3．情報化の概念整理で述べたように，組織の効率化，利便性の向上，サービス提供，組織体の継承，情報利用による価値創造，などを目的とした情報技術の導入である。そこには誰が誰に対して行うのかという主体と客体が存在する。地域情報化の客体は明確である。地域住民，商店・企業あるいは企業群，NPO，議会，地方公共団体，など地域に居住する個人や地域に存立する組織体である。情報化することで彼らに何らかの利便性や価値が生まれなければ，それを行う意味はない。問題は誰が行うか，すなわち主体論に移る。商店街の情報化は，商店街を構成する商店が一団となってお客に価値が生まれるように進めればよい。バスの運行の状況を知らせる運行情報システムは，バス会社がバス利用者に対して利便性の向上をもたらせばよい。図書館の情報化は，図書館を利用する住民に対して公共図書館がグループとなって進めればよい。公共スポーツ施設の情報化は，スポーツ施設を利用する住民に対してスポーツ施設がグループとなって進めればよい。しかし地域ポータルサイトの場合は，住民や企業に対するサービスであることは明確であるが，誰が運営するのかとなると，その主体となる組織は明確でない。地域SNSはそこ

図表6-3　地域経営の構成図

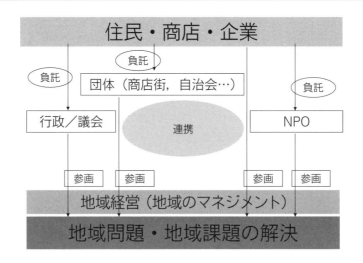

に住む住民がコミュニケーションする便利な道具ではあるが，そのサービスを行う主体は果たして行政なのであろうか。住民みずからが主体であるとはいえないだろうか。また，医療間連携は，患者に対して医療機関群だけが情報化に取り組めばよいと割り切ることができるであろうか。地域住民の健康を担保するには，行政も多分にその役割を担う必要はある。情報化には必ずコストがかかる。このサービス提供が利益につながる場合は，企業が名乗り出てくる。しかし利益を伴わないサービスには企業は進出しない。情報化を行う主体，その恩恵を受ける客体，明確な目的，それに加えてその財源が確保された時に，初めて情報化という行為は成り立つ。ここに地域という対象に対するマネジメント（主体）は誰なのかという問題が提起される。地域をマネッジするのは誰なのかという疑問と，情報化コストを誰が負担するかという問題が生まれてくる。

　地域をマネッジする主体は地方自治体であろうか？　この質問に明確に答えるのは難しい。確かに行政は，住民やそこに存立する組織に対して公共のサービスを提供する役割を担っている。しかし多種多様な組織が存在し，多種多様な思惑がある地域をマネッジする役目かと問われれば，行政だけではないこと

も明確である。サービス提供者ではあるが，地域マネッジメントの主役ではない。地域をマネッジするのは，住民やそこに存立する組織体である。すなわち集合体なのである。集合体がみずから（集合体）の計画を立て，その実行を管理・運営し，評価を加え，計画を修正していくのは，主体がはっきりしない点から派生する難問題なのである。これが地域活性を目的とする情報化を成功させるうえでの隘路となってくる。

### 5.3　地域情報化プロジェクトの運営

　地域情報化のテーマが決まったとして，そのプロジェクト推進の運営方法が成功失敗のキーになる。これには情報システム運営の組織と人材が大きく左右する。地域情報化は情報システムの地域社会への適用であるが，情報システムの運用担当は情報部門だという考えが強い。とりわけ行政ではこの考えが定着している。地方自治体の情報部門はコンピュータやネットワークの運用，すなわちハードウェアやソフトウェアのお守が主たる任務であり，住民や企業との接点はほとんどない。地域情報化は地域住民や地域の企業を相手とするもので，彼らとの会話や対応がプロジェクト推進の成否となる。単に情報システムの機能を提供するだけでは，地域課題の解決にはつながらない。地域SNS1つをとっても，"情報システムはここに用意しましたから，システムが提供するサイバー空間上で皆さん勝手に会話をしてください"では，活発な会話やそこから派生する実活動（例えばオフ会）は生まれてこない。その実例は，本稿最後の補遺を参考にしてほしい。情報システムを地域住民や地域企業に提供するにとどまらず，彼らの活動に何らかの形で参入していく，いわゆる介入していく姿勢と人材が必要なのである。しかし現在の地域情報化施策は，情報通信システムを設置することに重点が置かれているのが現状である。

## 6．まとめ

　地域情報化は，地域という空間に先端の情報通信技術（情報通信機器）を意識して適用し，地域住民や地域に存立する企業等に利便性や価値をもたらすこ

とを目的とした行為である．この行為には，誰が誰に対して行うのかという主体と客体が存在する．この地域情報化の客体は明確である．地域住民，商店・企業あるいは企業群，NPO，議会，地方公共団体，など地域に住居する個人や地域に存立する組織体である．しかし，その主体も同じ構成メンバーである．同じ組織体が主体となり客体となるのであるが，そのマネッジは誰かとなると非常に難しい．いきおい地方自治体という公共団体が名指しされる．地域社会の重要テーマは，社会生活の向上と地域活性である．この地域活性の課題解決に技術革新の先端を行く情報通信技術の適用，すなわち地域情報化が脚光を浴びるのは当然のことであり，この地域活性を目的とした地域情報化に名指しされた地方自治体が施策課題解決の主体として登場してくる．これが地域活性施策と地域情報化施策の関係である．

　この地域情報化施策は，必ずしもすべてが成功裡に進展し終了したとは限らない．多くの失敗もある．その理由の1つに，地域の主体が誰であるか明確でないことに起因する場合がある．実は住民主体であるべきプロジェクトが，行政主導で予算化する場合である．また，情報機器を導入すれば地域情報化は進むというシステムありきの場合もうまくいかない．また，運用組織や人材の考慮にかけた場合もうまくいかない．

　地域活性を目的とする地域情報化施策を導入するには，まず活性の内容を明確にして，それに対応したテーマの地域情報施策を導入する必要がある．次に，そのプロジェクトは誰が誰に対しての施策であるかを充分に検討したうえで，それに適合した運営主体を選定する必要がある．さらに情報システムを設置するのが主目的ではなく，住民であるシステム利用者とコミュニケーションできる人材配置の運用体制を整えることが重要である．

## 補遺：行政が関与する地域 SNS の現状

### はじめに

　地域住民のコミュニケーションの活発化に向けた ICT 導入の取り組みは，地方自治体によるウェブサイト構築が始まった時期の，いわゆる電子会議室（掲示板）の試みが多く行われたことが挙げられよう。しかしこれについては，限定された参加者の場になったり，悪質な発言や妨害等による被害（いわゆる「荒らし」）が後を絶たなかったりするという理由から，結局閉鎖されるといった例が多くみられた。この電子会議室の欠点を補うものとして，紹介制によるメンバーがサイバー空間上で安心して意見交換のできるコミュニケーション機能を提供する SNS（Social Networking Service）が評価され，地域のコミュニケーションの場として"地域 SNS"の導入が増えている。

　SNS とは，一般にはブログ（インターネット上で公開する日記風サイト）と電子会議室を組み合わせ，招待制（友人の招待がないと参加できない）としたものである。特定の分野や利用者層に特化した SNS も近年活動が活発であり，グローバルな領域では，twitter や facebook といった数億人規模でのユーザを抱えるサービスも存在する。twitter や facebook 等が全国・全世界レベルの利用展開を図っているのに対し，地域 SNS は「ある限定された地域」での利用，運用に重点を置いたものとなる。巨大 SNS では扱われる情報も広範かつ深遠なものとなるが，そこに参加する人の互いの顔が見えづらくなることから，本来の SNS としての良さが失われつつあると言われる。地域限定という物理的概念により，参加者すべてがみずからと縁の深い者ばかりであるという安心感が，地域 SNS における交流を促進するものと期待される。

　こういった点に着目し，総務省が平成 18 年度に実施した「ICT を活用した地域社会への住民参画のあり方に関する研究会」において，地方自治体における地域情報化施策としての地域 SNS の取り組みが本格的に提唱された。同研究会が提示した「住民参画システム利用の手引き」によると，地域 SNS の特徴は「リアルな地域社会との連動」「災害時利用」「分散型オープンネットワー

クの形成」の3つに大別される。このことにより，地域のさまざまな課題を解決するコミュニケーションツール，地域情報化におけるキラーアプリとして位置づけられるようになった。

　地域活性に対する行政施策としての地域情報化は，今後とも重点的に取り入れるべき施策であり，住民交流は地域活性の主要な柱であることも誰もが認めるところである。しかし，先に述べた地域SNS，とりわけ地方自治体が推進するものについては，地域住民の交流を通じて地域課題の1つである地域活性を実現するための施策として位置づけられているにもかかわらず，その施策としての成果や効果が十分に検証されているとは言い難い。

　本稿では，これまでに実施したアンケート調査結果や，地域SNS実施団体に対する具体的なヒアリング調査の結果等を踏まえ，行政が関与する地域SNSの現状を明らかにするものである。

## 地域SNSの現状

　石橋・藤田（2013）は，地方自治体が設立した地域SNSを調査分析の対象とし，全国自治体に対しアンケート調査を実施した。これにより，アンケート回答のあった696自治体のうち44自治体（6.3%）において「地域SNSを開設している」という結果が得られた。一方でtwitterやfacebook等グローバルなSNSシステムを活用している自治体は，独自の地域SNSシステムを立ち上げている自治体よりもはるかに多いという結果であった。またこの44自治体については，以前地域SNSを開設したものの，現時点ではすでに事業を終了し，サイトも閉じてしまったというところも含まれている。

　上記44自治体に対し，地域SNSを導入した目的やその達成状況等について尋ねた。その結果，地域SNS導入の目的の第一は"住民同士の情報交流手段の充実"であり，導入団体の84%がこの目的を挙げていた。次いで重視しているのは"住民からの地域情報の発信"と"住民に対する情報の提供"である。すなわち地方自治体においては，主として住民同士の情報交流と住民主体の地域情報発信を期待していることがわかった。一方，リアルな活動や経済的効果を期待する声は40%にとどまった。

**地域 SNS の評価**

　アンケートにおいては，地域 SNS 導入の当初目的を達成したと回答している団体は 25% 程度，一方で約半数の団体が当初目的を達成できなかったと答えている。その理由の多くは，当初目的とした参加人数に達していなかったことを挙げていた。なお，回答のない 11 団体のうち 6 団体は地域 SNS の運営を廃止しており，これを地域 SNS の効果を認めていないが故の運営廃止ととらえた場合，40% の団体が地域 SNS を評価していないことになる。

　しかし，全体としては地域 SNS の導入効果に対して評価をしていない中で，"地域活性に貢献した" と回答した団体も複数存在していた。技術的には同一のサービスを提供していながら，その効果に大きな差が見出される。

**地域 SNS を取り巻く課題**（事例ヒアリングから）

　地域 SNS の導入目的を達成したと回答した自治体や，導入当初は地域 SNS に対し高い評価を持っていたが，その後，参加者の交流が停滞した自治体等を選定し，その自治体に対して地域 SNS 活性の要因についてヒアリング調査を実施した（石橋・藤田（2014））。また，地域 SNS がリアルな地域の活性化に寄与したかも同時に聴取した。ここでは 2 つのケースを紹介する。

　① 京都府宇治市

　京都府宇治市を中心とする地域において，京都山城地域 SNS「お茶っ人」が運営されている。お茶っ人には最大で 2,000 名程度がユーザ登録していた。このうち 500 名程度が常時アクセスするアクティブユーザとなっており，地域 SNS の中でもかなり活発な活動を行っていることで有名である。お茶っ人では，ネット上での議論が活発なだけではなく，SNS 上での活動をきっかけとして新たな NPO が立ち上がる，オフ会や大規模なイベントを企画実施し大変盛り上がるといった，リアルな活性化への効果も見られた。これらの SNS 上のコミュニティの盛り上がりに際しては，運営スタッフによる積極的な発信も背景にはあるが，後述するように必ずしも十分な活動はできていないと考えられている。

　2011 年 4 月より，管理運営主体として宇治市が抜け，NPO 法人に改組した

宇治大好きネットが引き取る形で運営が移行された。現在のSNS運営は同NPO法人の会費で賄われている状態であり，市からの支出がない現在，活動資金としては潤沢ではない状況が続いている。またNPOのメンバーも高齢者が多く，SNS運営スタッフ個人への負担が増大していることも懸案要因である。

　お茶っ人の立ち上げに際しては，当時の市IT推進課職員が積極的に関わった。市役所内でのSNS活用ワーキング等で活用PRを行うなど，行政として継続的なSNS利活用の方向を探るも，次の手が打てず，結果としては十分に活用しきれなかったと評している。また担当していた行政職員も，その後，異動により所管課を離れることとなった。

　本事例においては，行政施策としての地域SNSを，結果的には市として手放すこととなった。SNS立ち上げ時からの理念は現運営者であるNPO法人に引き継がれてはいるが，行政による支援が打ち切られ，また積極的にサポートしていたキーパーソン（この場合は行政職員）による関わりが薄れた結果，「成功ではあるが，課題も多い」と評される状況である。

② 　静岡県掛川市

　掛川市の"e-じゃん掛川"は，2006年11月に掛川市が総務省関連補助金を獲得し構築，現在もサービスを続けている地域SNSである。開設時も現在も掛川市のIT政策課が運営主体となっているが，2009年9月から2012年3月間はNPO法人に運営を委託したことがある。委託を始めた2009年9月のSNS利用登録者累計は2,076人，2012年3月は3,008人，2013年5月は3,345人と利用累計者は増加している。しかし，地域SNSに対する評価は，2009年10月に実施したアンケートでは"地域経済の活性化やコミュニティ活動の活性化にある程度寄与した"との回答があったが，2013年5月のアンケートでは"経済の活性化には寄与していないが，コミュニティの活性化にはある程度寄与していた"との回答を得た。また，2009年アンケートの回答では"SNSの利用の例として，例えばNPOが開催する講座に参加しそれをSNS上で議論する"という市民活動事例の回答があったのに対し，2013年アンケートでは"SNS上での防災訓練を実施した"程度の行政活動の事例になっている。

すなわち，利用者数増加の鈍化とともに現在は地域 SNS が地域の活性化にあまり寄与していない状況が窺い知れる。NPO 委託の間は，SNS 運営者が SNS 利用者に対して SNS を活用するさまざまな事業を開催する等積極的な運営であったのに対し，2012 年以降の行政の運営では，SNS の機能を提供し参加者みずからのコミュニケーション機能を利用する場の提供に留まっており，これが SNS の衰退につながっていると考えられる。これは運営者の参加者に対する介入という行為が，参加者交流の活性化を促すととらえてよい。

**行政が関与する地域 SNS の成功要因と課題**

今回，一連の調査における成功事例の分析から，地域 SNS の運営主体側に人と人との交流を促進する人物が存在することが判明した。また，地域 SNS 運営に際し，行政主体の運営には限界があることも判明した。さらに，行政が運営する多くのサイトは地域 SNS を単にメディアの道具として設置したものであり，「道具ありき」だけでは地域 SNS がスリープ状態になっていることも明らかとなった。

今回は，総務省事業を中心に，地方自治体が「地域 SNS の導入による地域の活性化を目的」として実施した施策についてその評価を確認した。システムを導入したものの，失敗に終わった事例も少なからずある。総務省としては，地方自治体に対し，地域 SNS が地域の活性化を生み出すロジックを明確に示し，加えて庁内全体として利活用するアイデアや方法等についても指導するべきではなかったか。また導入に失敗した地方自治体側でも，安易に運営を外部委託（NPO や民間企業に対して）するだけではなく，活用の方法を具体的に考え，明確な成果目標を持って事業を推進すべきではなかったか。

今回の調査はいわゆる mixi 型の SNS に特化し，そのうち特に地方自治体が積極的に関与し設立（およびその後の運用）されたものにフォーカスしたものである。アンケートでも明らかになったように，現在，地方自治体において各種のグローバルな SNS サービス，すなわち facebook や twitter，それに LINE 等に対する関心が高く，実際に利活用するケースが増えてきている。これらは，現時点では住民間のコミュニケーション強化の側面よりも「広報」の

第6章　地域活性に対する地域情報化施策の役割｜111

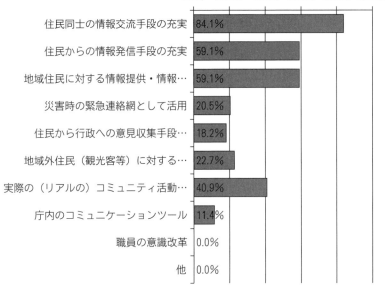

図表6－4　地域SNS構築の目的

- 住民同士の情報交流手段の充実　84.1%
- 住民からの情報発信手段の充実　59.1%
- 地域住民に対する情報提供・情報…　59.1%
- 災害時の緊急連絡網として活用　20.5%
- 住民から行政への意見収集手段…　18.2%
- 地域外住民（観光客等）に対する…　22.7%
- 実際の（リアルの）コミュニティ活動…　40.9%
- 庁内のコミュニケーションツール　11.4%
- 職員の意識改革　0.0%
- 他　0.0%

| 種　別 | 自治体数 | 回答自治体に占める割合 |
|---|---|---|
| ①地域SNS | 44 | 6.3% |
| ②twitter | 219 | 31.5% |
| ③facebook | 234 | 33.6% |
| ④LINE | 11 | 1.6% |
| ⑤その他（YouTube，ustreamなど） | 26 | 3.7% |
| ⑥利用なし | 339 | 48.7% |

機能を期待するものがほとんどであるが，兵庫県丹波市の事例のように，facebook や LINE の機能を駆使し，住民参加型のイベントを極めて積極的に推進しているケースもある。今後はこういった新しいソーシャルメディアについて，地方自治体が推進する地域活性化施策としての適用可能性や意義，期待される効果や課題等について引き続き研究を進めていきたい。

付記

本論は，平成 24・25・26 年度学術研究助成基金助成金・基盤研究（C）「地域主権時代における現代版井戸端会議によるコミュニティマネジメントの実証研究」（課題番号：24530439）の助成を受け実施した調査の分析によるものである。

参考文献

石橋裕基・畑耕治郎・谷村　要・藤田昌弘「地域活性化を目的としたソーシャルメディア導入の評価～地方自治体を対象としたアンケート調査～」『日本計画行政学会第 36 回全国大会研究報告要旨集』，日本計画行政学会，2013 年，pp. 187-190。

石橋裕基・藤田昌弘「行政の関与する地域 SNS による地域活性への寄与の不透明さ」『地域活性学会第 6 回研究大会論文集』，地域活性学会，http://www.hosei-web.jp/chiiki/taikai/140331-2.html。

植本栄介他『地域再生のロードマップ』ぎょうせい，2004 年。

梅棹忠夫「情報産業論」『情報の文明学』中公文庫，1988 年。

加藤秀俊『組織と情報の文明論』PHP 研究所，1982 年。

総務省『電子政府・電子自治体推進プログラム』総務省，2001 年。

総務省『電子自治体推進指針』総務省，2003 年。

総務省『新電子自治体推進指針』総務省，2007 年。

総務省『電子自治体の取り組みを加速するための 10 の指針』総務省，2014 年。

仲本秀四郎『情報を考える』丸善ライブラリー，1996 年。

西垣　通『基礎情報学―生命から社会』NTT 出版，2004 年。

野口悠紀雄『情報の経済理論』東洋経済，1988 年。

林雄二郎『情報化社会』講談社現代新書，1969 年。

藤田昌弘「情報と価値」『大手前大学社会文化学部論集』第 7 号，2007 年，pp. 151-170。

藤田昌弘「官民連携による地域情報化施策としての地域ポータルサイトの評価」『地方自治の最前線』(日本地方自治研究学会偏) 清文社, 2009年, pp.72-87。

藤田昌弘「官民連携地域ポータルサイトにおける信用の源泉に関する考察と行政情報アクセスの実証分析」『地方自治研究』Vol.25, No.1, 2010年。

牧慎太郎「ICTを活用した住民参加の促進」『ICTで変わる自治体経営戦略』(電子自治体研究会編) ぎょうせい, 2006年, pp.133-147。

丸　太一他『地域情報化　認識と設計』岩波書店, 2006年。

謝　辞

　地域活性と地域情報化は, 行政施策として重要テーマである。しかし, 地域活性は目的であり, 地域情報化は手段であることを念頭においておかねばならない。活性することを目的に情報化を取り入れるのであり, 地域情報化施策を取り入れれば地域活性につながるという発想は非常に危険である。本論の最後にその事例として, 石橋との共著である研究中の一部を補遺として掲載した。これは本年 (2014年) の地域活性学会研究大会での報告をベースとした内容となっている。われわれは地域SNSを安易に導入した事例から上記の危険性が学べると判断したからである。研究成果を別の機会に報告したいと考えている。

　2013年の調査にご協力いただいた地方自治体の方々に改めてお礼を申し上げて, 本稿を閉じさせていただく。

# 第7章 地域の災害医療体制強化とドクターヘリ広域運用体制の確立

## 1. 救急医療用ヘリコプターの導入促進

　厚生労働省によると，6,433人の死亡者および43,792人の負傷者が発生した阪神・淡路大震災（1995年1月17日）で，初期救急医療が遅れなければ避けられた災害死（preventable death）として，約500人が救われた可能性のあることが調査報告されている。原因としては，ライフラインの途絶，情報の途絶，医療要員不足，ベッドの不足と考えられている。特に，手術，集中治療，透析など重傷患者に対する治療機能が大幅に損なわれていたことも判明した。さらに，被害が甚大であった医療機関に患者が集中して，医療者数と患者数の不均衡が発生し，混乱した被災地内から被災地外に搬送される広域搬送患者数は極めて少なかった。この反省から，①被災地内外での重症患者の治療や広域搬送の拠点となる災害拠点病院の整備，②急性期に災害医療活動を行う災害派遣医療チーム（DMAT：Disaster Medical Assistance Team）の育成，③病院の被害状況や患者の受入れの可否などの情報を共有できる広域災害・救急医療情報システム（EMIS：Emergency Medical Information System）の整備を中心とした災害医療体制が計画された。災害医療は，初期の72時間における措置が救命の局面を左右する決定的な要素となり，その間に救命できなければ，救命率を向上させることは困難であるといわれている。

　阪神・淡路大震災でも，日本にヘリコプターが足りなかったのではなく，人命救助用のヘリコプターの数が少なかったことが明らかとなっている。この時点で，日本は，米国，カナダに次いで世界第3位のヘリコプター（回転翼機）所有国であり，自衛隊，警察，消防，海上保安庁，報道機関，および民間など

さまざまな機関・組織が全体で約 1,000 機を所有していた。しかしながら，クラッシュ症候群（Crush Syndrome：挫滅症候群または圧挫症候群）負傷者の 13% が救命できず，ライフラインが途絶している被災地内の病院で死亡したとされる。多数の患者を搬送できなかった理由は，当時わが国では，救急患者は消防防災ヘリコプターが搬送することになっていたためである。

　ヘリコプターによる救助や救急搬送は，従前から行われていたが，医師が添乗して現場で迅速に初期治療に取り組むことを目的としたドクターヘリコプター（以下ドクターヘリ[1)]と表記）の活用は，わが国で本格的な運用が始まってからまだ新しいシステムである。

　2007（平成 19）年 6 月 27 日，議員立法により，救急医療用ヘリコプターの全国的な整備を図ることを目的とした「救急医療用ヘリコプターを用いた救急医療の確保に関する特別措置法」（法律第 103 号），いわゆる「ドクターヘリ特別措置法」が成立した。同法によって，予算面だけでなく，都道府県においてドクターヘリ事業を実施する根拠が明確化され，ドクターヘリの全国的な配備推進に向けた方向性が示された。さらに，同法では，ドクターヘリの全国配備を図るため，民間からの拠出による基金を設置し，営利を目的としない法人がこれを用いて，ドクターヘリによる救急医療の提供に充てるための助成金交付事業を実施することを規定した。

　ドクターヘリの普及が進み，全国の都道府県のほぼ 7 割で導入され，複数機材の所有および近隣府県同士の共同運航で地域全域を網羅するなどの新たな運用システムも生まれている。2001 年の初運航から，救命救急活動で着実に実績を上げてきたといえる。今後，幅広い地域でドクターヘリを要請できるように，ドクターヘリを導入した都道府県を中心に，近隣自治体と協力してヘリコプターを運航するなど，地域での広域連携を進展させることが求められている。

## 2．救急医療用ヘリコプターの配備推進と運用管理

### 2.1　日本におけるドクターヘリ事業の確立

　阪神・淡路大震災時の反省から，2001 年に 5 県（千葉，静岡，愛知，岡山，福

岡)でドクターヘリ事業が開始された。日本でドクターヘリ事業を進展させる契機は，2007年のドクターヘリ特別措置法であった。

ドクターヘリとは，救急専用の医療機器を装備したヘリコプターを救命救急センターに常駐させ，消防機関または医療機関等からの出動要請に基づき，救急医療の専門医師や看護師などが搭乗して救急現場に向かい，現場から救命救急センターに搬送するまでの間，患者に救命医療を行うことができる専用ヘリコプターのことをいう。すなわち，事故，急病，または災害などの発生時に，ただちに医師がヘリコプターに同乗し，救急現場に出動して救急医療を提供するものである。ドクターヘリ導入促進事業では，民間ヘリコプター会社を活用し，委託により専用ヘリコプターを救命救急センターに常駐させている。ドクターヘリに搭載される機器および装備は，救急蘇生に必要な薬品類を収納したドクターバック，ストレッチャー，人工呼吸器，除細動器，患者監視装置，自動血圧計，酸素飽和度計，輸液ポンプ，全脊柱固定用背板などが主なものである。

ドクターヘリは，突発的に発生する重症患者に対して，救急医療に精通する医師を迅速に搬送するシステムであり，①救急医療に精通した医師らが救急現場で速やかに救命医療を開始できること，および②搬送時間が短縮されることにより，救命率の向上および後遺症の軽減に大きな成果を上げている。

ドクターヘリの利点は，その機動性と迅速性にある。時速約200 kmで飛行し，交通渋滞や災害時の通行止めの影響を受けずに，地上を走行する救急車と比べ，ほぼ1/3から1/5の時間で救急現場に到着することができる。救急車と異なり，急発進，急停車，および右左折に伴う不快感を与えることがなく，振動も少ない。

運航に関する財政負担は，国と県が折半している。民間企業に業務委託し，ドクターヘリを救命救急センターに配備して活用する仕組みをとっている。ドクターヘリの患者搬送に要する費用は，市町村および患者本人が負担することはない。救急現場への出動時および転院搬送時に行われた診療行為について，診療報酬の定めるところにより患者負担が生じるだけである。

現在，わが国のドクターヘリ事業は，①救急ヘリ病院ネットワーク

(HEM-Net)，②超党派国会議員により設立された「ドクターヘリ推進議員連盟」，③日本経済団体連合会の関連組織である「ドクターヘリ普及促進懇談会」，の3組織によって推進されている。官と民により整備されている新しい公共事業モデルといえるものであり，各組織の内容は，以下のとおりである。

○特定非営利活動法人（NPO法人）救急ヘリ病院ネットワーク（HEM-Net：Emergency Medical Network of Helicopter and Hospital）(http://www.hemnet.jp/about/)

　　HEM-Netは，救急医療を必要とする人に対して，ヘリコプターを利用した救急医療に関する事業を行い，国民医療の問題解決と救命率向上に寄与するために，1999（平成11）年12月22日に設立された，ヘリコプターによる救急医療システムの普及促進を目的として活動している非営利法人である。主な活動内容は，①病院・医療機関のネットワークの組成，②救命救急活動事業および救急ヘリコプターによる患者搬送に関する研究，③病院・医療機関およびヘリコプター運航者などによる救急ヘリコプターの利用促進，④救急ヘリコプターの仕様・装備・運航，および患者搬送等の実用化基準の設定，⑤救命救急活動従事者の教育・訓練・研修，などである。

○ドクターヘリ推進議員連盟（ドクターヘリ議連）

　　同連盟は，ドクターヘリの全国配備の推進を目的として衆参の超党派議員により，2008（平成20）年11月20日に設立された。設立時の総会において，①ドクターヘリ導入促進事業の実施に必要な予算の確実な確保，および②ドクターヘリの導入に関する地方交付税措置の充実を内容としたドクターヘリの全国配備の推進に関する決議を行い，これが2009（平成21）年3月の総務省令改正の契機となって特別地方交付税による都道府県負担分の軽減策が実施されている。

○ドクターヘリ普及促進懇談会

　　同懇談会は，2010（平成22）年8月に，ドクターヘリの全国的な普及の促進を図るために，企業関係者が課題を検討・把握し，ヘリ普及に向けての貢献策を検討・議論することを目的に結成され，日本経済団体連合会の関係組織として位置づけられている。

## 2.2 ドクターヘリの効果

ドクターヘリの効果としては，①治療開始時間の短縮，②救命率の向上，③後遺症の軽減，④逸失所得の回避，⑤入院日数の削減，⑥医療費の削減，などが挙げられる。とりわけ，①救急専門医による現場での診断・治療開始，②医療開始時間および搬送時間の短縮，および③最適な医療機関への搬送においては，その有効性が顕著に現れている。

救急の基本は消防救急であり，救急患者の95％以上は消防救急が対応することになる。しかし，重症の外傷患者に高度な医療を行う時に，他へ搬送しなければならない場合があるため，ドクターヘリが必要となる。したがって，ドクターヘリは，単に離島の患者を搬送する用具または早く輸送するための用具ではなく，早く治療を開始するための手段でもある。

## 2.3 ドクターヘリの費用負担

ドクターヘリシステムを十分に整備せずに，国家的緊急課題である重症救急患者の防ぎうる死亡を減少させることは困難である。

ドクターヘリシステムの整備促進を阻む最大の原因は，運航費用の負担である。ドクターヘリは，国と都道府県の折半による全額公費負担で運航管理されている。この都道府県による負担が，財政難のため，財政規模の小さい地方自治体ほど大きい。公費だけを用いてドクターヘリを整備しようとしても，システムを進展させることは困難である。

## 2.4 ドクターヘリと消防防災ヘリの相違点と課題

① 機体と装備

ドクターヘリの機体は，小型であるが，消防防災ヘリの機体は，中型または大型である。そのため，ドクターヘリの方が離着陸時のダウンウォッシュ（地面に向いて吹き付ける風力）や騒音が小さく，学校のグランドや市街地での離着陸に適している。しかし，搭乗者は6名から7名に限られ，多量の物資を搭載できない。これに対し，消防防災ヘリは，多数の医療関係者や傷病者を搭乗させ，多数の医療資器材を搭載して広域搬送することが可能である。

ドクターヘリは，救急専用ヘリコプターであるため，救急医療機器を常時搭載しており，要請に応じて迅速に出動できるが，救助用の装備を搭載しておらず，訓練をしていないため，山岳地帯での救助活動には対応不可能である。他方，消防防災ヘリは，多用途機材であり，搭乗人員の人命救助用ホイスト（懸吊装置）降下，担架による傷病者の吊下げなどの訓練を日常的に行っているため，山岳地帯での救助活動には，威力を発揮する。ただし，救急装備を搭載していない状態で救急出動の要請が入った場合には，資器材等を交換する必要があるため，機動性と迅速性に欠ける。

② ヘリコプターの待機場所

　待機場所については，ドクターヘリは，病院敷地内のヘリポートであるが，消防防災ヘリは，航空隊基地または飛行場である。

③ 搭乗人員

　ドクターヘリは，操縦士，整備士，医師，看護師の4人が標準であり，状況に応じて医師を増員し，出動することも可能である。消防防災ヘリは，航空隊員，救助隊員，消防隊員が主体であり，救急救命士が人材として搭乗することもあるが，医師は搭乗していない。医師を同乗させる場合には，病院に医師を迎えに行ってから現場へ向かう。

④ 出動体制

　ドクターヘリは，出動要請から15分以内に現場で医療を開始できる迅速な出動体制にある。しかし，ドクターヘリは，すべて日中のみの運航しかできないが，消防防災ヘリには，夜間運航を実施しているものもある。

　消防防災ヘリに関しては，医師同乗体制にある防災ヘリの航空消防隊でも，医師の常時確保はできていないものが多い。さらに，機内から救命救急センターへ直接交信できる体制にすることは必要な措置である。医師同乗体制にない防災ヘリの航空消防隊の多くが，救急車の長時間搬送の問題を抱えているとされる。

　消防・防災ヘリの利用目的は，①火災防御活動，②救助活動，③救急活動，④災害応急活動，⑤広域災害応援活動，⑥訓練活動，など多目的である。

　ドクターヘリと協働して地域住民の救命のために消防防災ヘリを活用すべき

であると指摘されている。ドクターヘリは，救急現場への迅速な医師派遣には非常に有利であるが，小型であるため，多人数を搭乗させることが不可能である。一方，消防・防災ヘリは，中型または大型であるため，多人数が搭乗でき，多量の物資も運べ，広域搬送に有利である。したがって，地域の救急医療ニーズや医療資源を考慮して，これらのヘリコプターを相互に適切に活用するシステムを構築する必要がある。

## 2.5　ドクターヘリの出動実態

　ドクターヘリの出動要請は，①消防本部指令センターの通信指令担当者が覚知内容からドクターヘリの必要性を判断した場合，②現場の救急隊長が現場で傷病者を観察して，ドクターヘリの必要性を判断した場合，③医療機関の医師がより高次の救急医療機関への転送が必要と判断した場合，になされる。

　傷病者が重篤な状態の場合，ドクターヘリ搭乗医師は，救急現場から必要な処置を行いながら，搬送途上で搬送先医療機関に対し無線を用いて患者情報を送信する。無線に対応した医師は，人員を招集し，必要な検査や治療の準備を行うことにより，万全の体制で傷病者を受け入れることが可能になる。その結果，病院前医療から院内における救命治療への連携が円滑化されることによって，重症患者の救命率向上と後遺症の軽減が達成されている。

　ドクターヘリの運航には，操縦士，整備士，運航管理者の3人が最低必要であり，出動の際には，通常，操縦士，整備士，医師，および看護師の4人が出動する。搭乗する医師・看護師は1日ごとの担当が決められており，担当日はドクターヘリ出動が最優先業務として位置づけられている。運航は365日体制であるが，天候不良時（雲高300m以下，視程1.5km以下）および夜間の運航は行っていない。運航時間を午前8時30分から日没までと定めて運航している県もある。

　離着陸場所に関しては，消防機関ごとに安全に離着陸が可能な場所を事前に選定している。例えば，臨時ヘリポートとして確保されている主なものには，公園，小中学校のグランド，競技場などがある。ただし，救急現場から直近の臨時ヘリポートまでに距離がある場合には，消防機関の協力により安全が確保

されれば，操縦士が離着陸可能と判断した場所に離着陸することが可能である。

高速道路本線上での交通事故等による傷病者の救命・救助活動については，各地で検討が進められ，一定の基準を満たした高速道路本線上にドクターヘリの離着陸が可能となった県もある。

## 3．地域の災害医療対策とドクターヘリの活用

### 3.1 災害医療体制の強化

災害医療の特徴は，医療需要が急激に増大することに対して，人的・物的資源が極端に不足することである。災害初動期の要求として，①捜索・救助・消火，②救急救命医療（クラッシュ症候群等），③入院患者の医療継続，④透析患者，在宅療養中の患者の医療継続，⑤ライフライン（電気，ガス，水道）の復活・維持，⑥住環境の確保，⑦水と食料の供給が挙げられ，①から④は，ただちに生命に関わるもので，遅れるにつれて死亡者が増加するため，救急救助活動が最優先される。したがって，防災基本計画にはDMATが組み込まれている。

### 3.2 災害派遣医療チーム（DMAT）の体制整備

DMATは，大地震および航空機や列車事故等の災害時に被害者の生命を守るため，被災地に迅速に駆けつけ，災害急性期（48時間以内）に活動できる機動性を持った救急治療を行うために専門的な訓練を受けた医療チームである。

阪神・淡路大震災では，多くの傷病者が発生して医療の需要が拡大する一方，病院も被災し，ライフラインの途絶，医療従事者の確保の困難などにより被災地域内で十分な医療を受けられずに死亡した，いわゆる防ぎうる災害死が大きな問題として取り上げられた。中越沖地震のような限局的な災害では，発災直後から救出・救助が行われ，傷病者を災害拠点病院に集めて，重傷者を航空機や救急車で機能している災害拠点病院に搬送することによって，生命的・機能的予後の改善が認められた。東日本大震災では，多数のDMATが被災地に参集したが，①津波災害により，外傷傷病者への救命医療ニーズが少なかったこと，②通信が困難であったこと，③派遣調整を行う本部の対応が不十分であっ

たことなど，DMATの活動について多くの課題も明らかとなった。

　自然災害に限らず，航空機・列車事故等の大規模な集団災害において，一度に多くの傷病者が発生し，医療の需要が急激に拡大すると，被災都道府県だけでは対応が困難な場合も想定される。このような災害に対しては，専門的な訓練を受けた医療チームが速やかに被災地域に入り，まず，被災地域の医療需要を把握し，被災地における急性期の医療体制を確立する。その上で，被災地域での緊急治療や病院支援を行いながら，被災地域で発生した多くの傷病者を被災地域外の適切な医療機関に搬送するとともに，被災地に参集する日本医師会災害医療チーム（JMAT：Japan Medical Association Team）をはじめ，大学病院，日本赤十字社，国立病院機構，日本病院会，日本病院協会，日本歯科医師会，日本薬剤師会，日本看護協会などの医療関係団体から派遣される医療チームとの有機的な連携ができれば，死亡や後遺症を減少させることが可能となる。

　こうした災害時の医療活動には，通常時の外傷の基本的な救急診療に加え，多様な医療チームとの連携を含めた災害医療のマネジメントに関する知見が必要である。この活動を担うため，厚生労働省が認めた専門的な研修・訓練を受けた災害派遣医療チームが日本DMATである（日本DMAT活動要領）。

## 3.3　DMATへの対応

　DMATは，災害急性期に機動性を持った活動ができるように訓練を受けた医療チームであり，初動期の72時間に限定して現場で活動するDMATの任務は，①被災地域内での医療情報収集と伝達，②被災地域内でのトリアージ（傷病の緊急度と重症度による治療優先度の決定），応急治療，および搬送，③被災地域内の医療機関，特に災害拠点病院の支援・強化，④広域搬送拠点医療施設（SCU：Staging Care Unit）における医療支援，⑤広域航空搬送におけるヘリコプターや航空機の搭乗医療チーム，⑥災害現場での医療活動管理，などである。

　広域医療搬送は，被災地域内の患者を被災地域外に搬送するが，離れた被災地域外のSCUに患者を運ぶためには，ヘリコプターでは困難で，救急ジェット（ドクタージェット）が必要となる。首都圏直下型地震や南海トラフ地震に対応するためには，救急航空機搬送システムの実用化が求められる。

## 3.4 関西広域連合におけるドクターヘリ共同運航体制の構築

### ① ドクターヘリ導入の課題

ドクターヘリの機動性（巡航速度毎時約 200 km）を考慮すると，活動範囲は 1 府県だけでなく，近隣府県を活動範囲に含めた広域的な配備も可能である。各府県がそれぞれ単独でドクターヘリを導入した場合には，近隣府県のドクターヘリと運航範囲が重複し，行政区域の制限によって，府県域を越えた柔軟な運航が制限され，ドクターヘリの機動性を十分に発揮できず，効果・効率性の観点から問題が生じることも考えられる。ドクターヘリの運航には，毎年多額の費用（1 機当たり約 2 億円）を必要とすることから，都道府県にとっては，財政状況が厳しい中で，経費負担が大きな課題となる。

### ② 関西広域連合における共同運航の利点

こうした課題に対応して，関西全体の責任主体である関西広域連合による効率的かつ効果的なドクターヘリ運航の仕組みが構築されれば，次のような成果が得られる。

- 関西全体において，救急医療の地域格差が縮小され，誰でもがどこにおいても緊急の初期治療を受けることができる体制が構築されること
- 複数機のドクターヘリが補完し合う相互応援体制が構築されることにより，出動要請の重複や多数の傷病者が発生した場合においても，近隣のドクターヘリの応援要請が容易となり，さらなる災害時の安全・安心体制の確保が可能となること
- 効率的な運航体制が構築されることにより，関西全体で運航経費の軽減が図られるとともに，将来的には業務の集約化によって，人件費等の管理運営費用が削減できること

# 4．地域の救急医療用ヘリコプター連携・協力システムの構築

## 4.1 災害対応航空技術と情報システムの確立

2011（平成 23）年 3 月 11 日に発生した東日本大震災では，被災地が広域に

わたり,かつ発災から日没まで3時間程度であったことから,ヘリコプターによる情報収集が妨げられ,情報収集および判断に時間を要し,初動時の円滑な救難活動が行えなかった地域が存在した。災害時においては,発災後72時間以内の救命救急・救難救援活動が強く求められる。こうした状況では,陸上の交通網の機能が低下しているため,災害救援航空機を最適に運用するには,航空・宇宙機器の有効活用が最も重要な手段となる。JAXA (Japan Aerospace Exploration Agency:宇宙航空研究開発機構)は,ヘリコプターをはじめ航空機,無人航空機,および人工衛星の統合的な運用による災害情報の収集・共有化と災害救援航空機による効率的で安全な救援活動を支援する災害救援航空機統合運用システム (D-NET2) の実現に必要な技術を開発し,将来起こりうる大規模災害への対応能力の強化に取り組んでいる (http://www.aero.jaxa.jp/)。

① 災害情報の統合管理

DREAMS (Distributed and Revolutionarily Efficient Air-traffic Management System:次世代運航システム) プロジェクトの一環として研究開発している「災害救援航空機情報共有ネットワーク (D-NET:Disaster Relief Aircraft Information Sharing Network)」では,災害救援ヘリコプター,ドクターヘリ,航空機の運航拠点,災害対策本部,地上の救助隊員,無人航空機,その他の災害上システムと情報の統合化を図ることが可能となった。それに陸域観測技術衛星「だいち2号」(ALOS:Advanced Land Observing Satellite-2) などによる地球観測衛星や滞空型無人機等の無人航空機が観測した災害情報データを共有化することによって,より迅速に救援機会を提供することができる。

② 最適運航管理判断支援

D-NETでは,局所的・確定的な災害情報,ヘリコプターの飛行可能時間帯や気象条件に基づいて,各航空機への最適な任務を割り振ることができ,給油の順番待ちや任務の割当て待ちの時間を削減することが可能となった。これに人工衛星などで観測した広域的かつ不確定な災害情報を加え,アルゴリズムを見直して,災害救援航空機のより最適な運航計画の判断支援を行うことを目指している。

③ 任務支援サブシステムの利用
・救急搬送情報の共有

D-NET は，ドクターヘリにも対応しており，受入れ病院とドクターヘリの間で，患者の生体情報を共有することができる．大規模災害時に発生する多数の重篤傷病者をより戦略的な判断（トリアージ）に基づき救助するため，人工衛星による救援識別信号の活用を取り入れた情報活用技術の確立に取り組んでいる．

・IMC（Instrument Meteorological Condition：計器飛行気象条件）により飛行可能な IFR（Instrument Flight Rules：計器飛行方式）飛行経路網の設定

大規模災害発生時には，広域応援として全国から災害救援航空機が災害地へ集結する．悪天候時でも速やかに集結できるように，IMC で飛行可能な IFR により飛行できるルート網の設定を関係各所と協力しながら目指している．

・HMD（Helmet Mounted Display）による視界情報支援

ヘリコプターによる飛行は，原則，有視界による飛行に限られているため，夜間や天候不良時に飛行することができず，これまで捜索・救命活動などが制限されていた．そこで，HMD と赤外線カメラを組み合わせ，HMD に赤外線カメラの映像や地図データを表示することによって，夜間および天候不良時の飛行安全技術を高める研究が実施されてきた．さらに，ヒューマンインターフェイスを改良し，要救助者情報の表示を可能にすることにより，搭乗者の負荷低減と捜索・救援活動の所要時間の短縮に取り組んでいる．

## 4.2 救急事故対応情報処理システムの構築

ADAMS（Atlas and Database of Air Medical Service）は，米国で使用されている航空医療サービスのための地図情報で，ヘリコプターの出動拠点，通信センター，外傷センター，およびその他の医療施設など，救急ヘリコプターに必要な情報を集積したデータベースとして整備されている．ヘリコプターの運航を行う機関である非営利団体，企業，公的機関（警察，消防），日常的に救急

業務を提供している軍隊の情報も含まれている。

　ACN（Automatic Crash Notification：事故自動通報システム）は，ITS（Intelligent Transportation Systems）の1つに位置づけられ，自動車事故が発生してエアバッグが作動した時に，自動的に専門のオペレーターへ接続するシステムである。オペレーターの問いかけに対して運転者の応答がない場合には，オペレーターが運転者に代わって速やかに救急車やパトカーの手配を要請するシステムである。

　ADAMS は，本来 ACN により得られた事故情報をヘリコプターによる効果的な救助・救急および最適な病院への搬送に結びつけることを目的として開発されたシステムである。米国では，ADAMS と ACN を組み合わせて活用し，目撃者のいない単独事故で重傷を負った場合にも，迅速にヘリコプターを出動させることにより，交通事故の死亡者を減らし，後遺症を軽減させることに取り組んでいる。

　日本においても独自の ADAMS を開発し，ACN 搭載車両の増加を図り，事故発生から治療開始までの時間を短縮することにより，交通事故死者数の削減と後遺症の軽減を達成するシステムを構築すべきである。

　ACN は，将来的には，車に内蔵しているイベントデータレコーダーが，瞬時に傷害を予測して搬送先病院を判断し，高度な病院への搬送が必要な場合には，ドクターヘリを出動させるシステムを確立することが考えられる。

　緊急通報システムを普及させるとともに現場急行支援システムを整備し，ドクターヘリ事業と結合することによって，次世代型の新たな救急災害医療体制の展開が期待される。

## 4.3　D-NET と GEMITS の連携

　D-NET は，JAXA が中心となって開発研究を進めており，大規模災害が発生した場合に，被災地周辺に集結した多数の航空機と災害本部などの間でデータ通信による情報を共有し，最適な運航管理を行うためのシステムである。GEMITS（Global Emergency Medical supporting Intelligence Transport System：救急医療支援情報流通システム）は，岐阜大学が中心となって研究開発を進めて

おり，救急車と周辺の救急病院の間でデータ通信により情報を共有し，患者の様態に応じて最適な受入れ病院を迅速に選定するためのシステムである．特に，病院のいわゆる「たらい回し」を解消する効果が期待されている．

このような D-NET と GEMITS の間で情報を共有化することによって，ドクターヘリと救急車を統合した効率的な救急医療システムの構築が考えられる．

① 現在のドクターヘリの運航管理

ドクターヘリの運航は，医師，看護師，操縦士，整備士，および運航管理を担当する CS（Communication Specialist）のチームによって行われる．CS の役割は，任務を効率的かつ安全に達成できるよう，地上からさまざまな支援を行うことである．消防からの出動要請を受けると，操縦士や医師に出動指示を出す．出動後も，災害現場の救急隊員や消防・警察などの関係機関と連絡をとり，操縦士と医師に着陸場所や患者の様態を伝える．ドクターヘリの着陸場所は，出動圏内で数百カ所の候補地があらかじめ選ばれている．災害現場の状況や患者の様態によっては，現場に直接着陸する場合もある．

② データ通信のメリット

現在は，CS とヘリコプターの間の通信は，無線電話（音声通信）によって行われている．データ通信が可能になれば，以下のような利点がある．

(1) 情報の多様化と通信時間短縮

災害現場，CS，操縦士，医師などの間でさまざまな情報をリアルタイムで共有化することが可能になる．

(2) コンピュータによる判断支援

膨大な情報をコンピュータが瞬時に処理して，最適な判断を支援することができる．

(3) ヒューマン・エラーの低減

聞き間違いなどを防止することが可能になる．

③ D-NET と GEMITS を使ったデータ通信による新しい運航管理の流れ

(1) 情報センターからの出動指示

救急情報センターで出動要請を受信し，周辺のドクターヘリやドクターカーの中から最も適した手段を瞬時に選定して出動指示を送信する．

(2) 拠点病院より出動

出動指示を受けたドクターヘリが拠点病院から離陸。

(3) 操縦士への現場情報表示

ヘリコプターのディスプレイに着陸場所が表示され，着陸場所が変更になった場合も，ただちに反映。

(4) 現場からの患者情報送信

現場の救急隊員から送られてくる患者情報（様態，血液型，既往歴，投薬歴，アレルギーの有無など）に基づいて，現場到着前から機内で医師が治療の準備開始。

(5) 現場到着

現場に到着後，ただちに初期治療の開始。

(6) 情報センターでの受入病院選定

患者情報と周辺の救急病院の受入可否状況を考慮して，最適な受入病院を選定。受入病院の位置がヘリコプターのディスプレイに表示され，到着予定時刻を正確に算出。

(7) 受入病院での最適な準備

受入病院では，ヘリコプターから送られてくる到着予定時刻や生体情報モニターで計測された患者の様態データ（心電図，血圧，動脈血酸素飽和度など）に基づき，最適な受入準備の実施。

(8) 受入病院への到着

受入病院に到着後，ただちに本格的な治療を開始。

ドクターヘリは，平素は各拠点病院を中心に活動しているが，大規模災害が発生した場合には，広域的な活動も行う。東日本大震災でも，全国25機のドクターヘリのうち18機が発災直後に被災地に集結した。被災地では，消防防災や自衛隊など多数のヘリコプターと一緒に運航される。これらすべてのヘリコプターと災害対策本部の間でデータ通信による情報共有を実現し，救援活動全体をより効率的に行えるようにすることが最終的な目標である。

## 5．ドクターヘリ事業の将来における展開と課題

　ドクターヘリは，2014年現在，37道府県で43機が運用され，全国配備が完成しつつある。ドクターヘリシステムは，今やわが国の救急災害医療における広域医療搬送に不可欠なインフラストラクチャーとして機能するに至っている。今後は，量的な拡大に加え，運航の安全管理に関わる質的な面についても取り組む必要がある。具体的には，操縦士や整備士などの運航要員と救急ヘリコプターに搭乗して活動する医師や看護師などの医療従事者との緊密な連携・協調によって，安全を確保するための訓練研修を充実させることが課題となる。

　ドクターヘリが配備されている道府県が増えれば，近い将来にドクターヘリ全国ネットワークの構築を前提としながら，日常時も広域運用を実施できる体制が求められる。したがって，災害時におけるヘリコプターの一体運用と航空管制は，早急に取り組むべき課題である。

　広域運用には，①平常時のドクターヘリ同士の運用，②平常時のドクターヘリと消防防災ヘリとの共同・連携広域運用，および③大規模広域災害時と局地災害時におけるヘリの広域運用の3つの局面からの対応が重要となる。ヘリの広域運用および効率運航を可能とするためには，動態管理システムや運航管理システムが必要であり，無線のデジタル化を図り，リアルタイムに位置情報を把握するGPSの搭載・配備を実現しなければならない。ヘリコプターの運用される範囲が広がるにつれて，従来のヘリコプターの装備や運航管理とは異なる視点での要求が増えてくる。こうした要求に対応して，インフラストラクチャーおよび人材育成を含めたシステム基盤を作り上げることが新たな課題となる。

【注】
1) ドクターヘリという名称は，わが国独自のものである。同様の対応機能を持つ救急用ヘリコプターは，欧州では Rescue Helicopter または Physician Staffed EMS (Emergency Medical Service) Helicopter，米国では Air Ambulance または Flying Ambulance と呼ばれている。

参考文献・資料

大山　尚「救急医療とヘリコプターの活用」『立法と調査』No. 319，2011 年 8 月，参議院事務局企画調整室編集・発行，pp. 122-133。

国土交通省（http://www.mlit.go.jp/bosai/disaster/）。

災害救援航空機統合運用システム（D-NET 2）
　（http://www.aero.jaxa.jp/research/star/dnet2/）。

ドクターヘリ調査検討委員会『ドクターヘリ調査検討委員会報告書』（平成 12 年 6 月 9 日）内閣官房内閣内政審議室。

日本救急医学会（http://jaam.jp/index.htm）。

日本航空医療学会（http://square.umin.ac.jp/jsas/index.html）。

益子邦洋「ドクターヘリの現状と課題」『予防時報』233，2008 年，pp. 14-21。

益子邦洋「災害医療とドクターヘリ」『北海道医報』第 1148 号，平成 26 年 5 月 1 日，pp. 18-21。

HEM-Net シンポジウム報告書『ドクターヘリの広域運用』認定 NPO 法人救急ヘリ病院ネットワーク，2012 年 10 月。

「ドクターヘリ運航管理システムの研究開発　前編　機上機器の開発－1 秒でも早く！救命率の向上を目指して－」『航空プログラムニュース』No. 20，2011 年，pp. 6-7（http://www.jaxa.jp/archives/video/aero_j.html）。

「ドクターヘリ運航管理システムの研究開発　後編　運航管理の流れ－1 秒でも早く！救命率の向上を目指して－」『航空プログラムニュース』No. 21，2011 年，pp. 6-7。

『関西広域救急医療連携計画』関西広域連合広域医療局。

『日本 DMAT 活動要領』平成 24 年 3 月 30 日改正。

# 第8章　地域活性化と公的金融の役割

## 1．金融とは？

　「地域活性化と公的金融の役割」を説明するにあたり，そもそも金融の機能とは何か，これをおさらいしたい。なお，金融は，融資，出資，保険などを含む概念であるが，以下では特に融資を指すものとする。

　金融というと，「金を左右に流すだけで利息で稼ぐ商売」，「地域外からの融資は，結局返済で地域の外に利息を上乗せして資金が流出してしまう」などといった批判がなされることがある。

　金融が行われる前提には「貨幣」の存在がある。貨幣は，言語，法律などと同様に人類の発明した社会的機能として高く評価されている。その機能を考えるにあたり，まず「貨幣のない社会」を思い描いてみる。不自然ではあるが，貨幣はないが所有権はある程度確立していると考える。そうした貨幣のない社会での経済活動は，まさに「物々交換」の世界であり，財や労働サービスなどは，すべて個々に特定の比率をもって交換される。交換に伴うコストや不安定さは極めて大きな社会ロスとなる。また，貯蓄活動も極めて不便である。

　次に，「貨幣はあるが金融のない社会」を考えてみる。この場合，前述のような交換や貯蓄の不便さは大きく軽減されよう。しかしながら，金融機能がないと，何か大きな資産や財を購入，投資しようとすると，みずからがそれに値する貨幣を貯蔵するまで待たなくてはならない。土地，住宅などの入手は，相続する以外には，自分が一生を終えるころまで待たねばならぬであろうし，集団的な事業活動でも，将来に向けた投資などは所有権を伴う出資に依存せざるを得なくなる。

このため，貨幣が発明されると，時をまたず，金融（融資）が発達し始めたのではないだろうか。金融機能が備われば，将来の返済を約して<u>現時点で</u>貨幣を入手し，それをもとに投資，購入といった経済活動を<u>現時点で</u>実現することができるのである。金融の本質はまさにここにあり，「時間」をやりとり，先取りしていることになる。一方，将来には必ずリスク，不確実性が伴う。このリスクの費用こそが「利息」であり，金融は利息なくしては成立しない。現在の1万円と1週間後の1万円では，現時点からみて価値が異なるのである。

なお，国民経済計算や会計上の取扱を説明すると，融資の実行，返済行為自体は，貸手においては現金資産と貸付資産が同額だけ増減（トータルの資産額は不変）し，借手においては負債と現金資産とも同額だけ増加・減少するため，所得や損益に影響は生じない。すなわち，付加価値を生じない。融資資金をもとに，設備，材料購入，人件費支払などを行い，商品，サービスを販売し，また，利息を支払う，といった経済取引が行われて，はじめて所得，損益に影響を及ぼし，付加価値を生むのである。

## 2．地域活性化と金融～金融の加速，増幅効果

### 2.1　金融による地域活性化加速効果

地域活性化と金融の機能も同様に考えられる。

例えば，ある地域での出店を希望するものの，資金が不足している人がいたとした場合，この人に不足分の融資がなされると，現時点で出店が実現する。出店に伴い，設備投資，原材料購入，雇用なども現時点で生まれよう。関連企業や雇用がその地域内にあると，波及効果が発生する。また，売上が予想通りに立つと新たな経済活動へとつながる。店やまちを訪れる人も増え，他の店などにも効果が波及する。そうした活動が積み重なると，土地の価値も上昇し，不動産の賃料や自治体の税収も増大しよう。融資がなされないと，出店希望者は自己資金を貯めるまで待つ必要があり，現時点での前述のような経済効果，地域活性化効果は発生しない。

もちろん，金融機能を伴わず，自己資金を活用した事業活動のみで地域活性

化が実現するケースもあり得る。しかしながら，こうした動きが面的に拡がりを持つためには，やはり，金融機能は必要ではないだろうか。

　金融は，将来を先取りすることであるので，将来の発展が見込める経済状態での効果は大きい。戦争によるダメージを受けたのちの復興，成長期などにおいては，将来の発展の可能性が高く，金融による経済成長の加速効果は高かったといえよう。

## 2.2 「時間先取り」の留意点

　金融は，活性化効果を加速する機能がある一方，将来のダメージを拡大するおそれもある。

　融資を受けた事業が目論見通り上手くいくとは限らない。身の丈を越えた事業に融資が実行されると，予想された売上が立たず，やがて返済は滞り，雇用や経済取引も失われていってしまう。どのような状況でもそうした事例は発生しようが，経済全般の活動が停滞すると，その確率も高くなる。

　特に，現在は本格的な人口減少時代を迎え，半数近い自治体が消滅する可能性も指摘されている。これまで，自治体や再開発組合などが，地域活性化に向けて，インフラや箱物整備などに借入で対応しようとし，結果として多大な負債を抱え，かえって自治体等の運営の大きな足かせになっているような例が数多くみられるのも事実である。また，高齢化社会の進展とともに，社会保障費の増大がみられ，当初想定されていた償還財源が不足する事態も起こり得る。

　将来の事業性，キャッシュフローの見極めが特に重要である。

# 3．日本政策金融公庫について

　2008（平成20）年10月1日，国民生活金融公庫，農林漁業金融公庫，中小企業金融公庫，国際協力銀行の4つの政府系金融機関が統合し，株式会社日本政策金融公庫（日本公庫）が発足した。2012（平成24）年4月に国際協力銀行の業務部分は日本公庫から分離し，株式会社国際協力銀行となった。現在の日本公庫は，小規模事業，農林漁業，中小企業といった日本経済を支える事業者を

顧客として融資事業，信用保険事業を行っている。

　株式会社となっているにもかかわらず「政府系金融機関」とされているのは，日本公庫は通常の株式会社と異なり，法律によって100％政府出資と定められていることによる。

　資本金は約3兆5,000億円，職員数は7,300人を越え，国内店舗数は152と都道府県数の3倍強，海外にも2店舗を有している。

　業務の特徴としては，あくまでも「民間金融機関を補完」することが求められており，公共性・金融リスクの評価困難性が高い分野が対象となっている。

　全国の中小企業は約420万企業とされるが，そのうち日本公庫の利用企業数は26％（約104万企業），信用保証制度の利用企業数は37％（154万企業）となっている。

　また，融資の伸びは民間金融機関とは逆相関となっており，経済が好調な時期は民間金融機関の融資が伸長し，日本公庫の融資は減少するが，景気後退期や金融システムに不安・ショックがあった場合などには，逆の動きをもたらしている。

## 4．民間金融機関と日本公庫の比較〜財務面から

　民間銀行と日本公庫は，同じ株式会社の金融機関でありながら，なぜ前述のような役割分担が形成されているのであろうか。これを財務面から分析してみたい。

### 4.1　金融機関共通の財務（損益）構造

　「金融機関の純資産増減」（⑤）は，

　　「①金利収支差額」−「②貸倒費用」−「③営業費用等」−「④その他」

で示される。

　①の金利収支差額は，貸出金利と調達金利の差額であり，一般の事業会社でいえば，売上高から売上原価を差し引いた粗利である。また，政策的に低金利

を達成する必要がある場合，中央または地方政府から低利融資を条件とした利子補給金が給付される場合がある。こうした給付金は金利収支差額に加算され，政策的に当該金融機関からの貸出金利を低く設定できる効果がある。平成26年度日本公庫国民生活事業では，152億円を国の一般会計から支給されている。

②の貸倒費用は，特に金融事業では重要な位置を占め，貸付のうち回収できなくなった金額である。また，あらかじめ貸出債権のリスクを見込んで，一定額を貸倒引当金の項目で負債として見込み，配当などで機関外に流出することを防いでいるが，その増減額もこの貸倒費用に含まれる。金融事業には必然的に伴うものであり，「①−②」をもって粗利ととらえるべきかもしれない。

③の営業費用等は，人件費，減価償却費，本社費用などである。ここでは簡略化のため，営業外損益，特別損益も含めて考える。「①−②−③」が（税引前）純利益といえ，課税対象額でもある。

④のその他は，法人税（支出），配当・国庫納付（支出）等である。

## 4.2　民間銀行と日本公庫の財務比較

では，民間銀行（株式会社の場合）と日本公庫とでは，同じ株式会社であるが，上記の財務構造において，どこに相違点があるのであろうか。

まず，④のその他をみてみる。民間銀行は，株主に対して毎年一定の配当を行うことが求められる。これがないと株価は下落し，新たな資本調達が困難になるとともに銀行の信用度にも大きく影響する。

日本公庫は100％政府出資であるが，利益が発生し，累積で剰余金が出ると一定額を国庫納付する必要がある。これが民間金融機関の配当に相当するものといえる。しかしながら，必ずしも毎年度国庫納付を出すような事業運営が求められているとはいえず，その分，日本公庫には政策的な金融対応が求められているといえる。日本公庫国民生活事業では，2008（平成20）年の合併設立以降，国庫納付の実績はない。

なお，法人税についても，民間金融機関は税法に基づく一定額を納付する必要があるが，日本公庫は非課税となっている。

①の金利収支差額では，日本公庫は前述のように，政策的な金利を実現する

ため，政府から毎年補給金を受け入れているが，民間銀行では一般にはそのような収入は多くはない。

そして，⑤純資産増減をみると，民間銀行では，上場企業として毎年「①－②－③」の純利益をプラス（黒字）として確保する必要があり，さらに，法人税，配当を支払った上で純資産増を目指す。一方，日本公庫でも，収支均衡させることが求められているが，政策実施の結果，実績として赤字状態も発生し得る。日本公庫国民生活事業でも，2012（平成 24）年度までは毎年度赤字を計上してきている。なお，2013（平成 25）年度決算では，収支改善努力等により，黒字に転換した。

## 4.3　日本公庫のミッション（責務）

こうした日本公庫の財務を特徴づけているのは，法令で 100％政府出資と定められ，また，税法上も法人税適用外となっているなど，法制度に基づくものである。なぜ，このようなことが認められているのであろうか。それは，日本公庫が，民間銀行では達成困難な責務を補完的に担っているからと考えられる。

すなわち，日本公庫においては，金利収支差額（①）を小さくする，貸倒費用（②）が大きくなる，営業費用（③）が大きくなる，ということが，政策上必要な範囲で認められ，かつ，その必要性が高いからにほかならない。

これを具体的にみていきたい。

①　金利収支差額　→政策的低金利の実現

　　通常，リスクが高い分野に対する融資は，その分だけ，貸出金利を高く設定し，収支差額を高く確保する必要がある。しかしながら，政策分野（金融不安や震災対応などのセーフティーネット貸付，創業貸付，地球環境対応事業向貸付など）においては，貸出金利を一定以下に抑えることが求められる。

②　貸倒費用　→リスクマネーの供給

　　日本公庫では，民間銀行では対応が困難な，リスクの高い分野であって，しかしながら政策的な重要性が高い分野に対する資金供給（リスクマネーの供給）を大きな責務としている。

例えば、創業向け融資についてみると、(a) 過去の財務諸表がないため企業の実力がわからない、(b) 資産の蓄積がなく担保力に欠ける、(c) 経営の実績がないため経営力も不透明、など、極めてリスクが高く、また、小口であって手数がかかることなどから、民間銀行単独での創業向け融資はほとんど行われていない。

こうした分野に資金供給を行うことは、経済の活力維持に不可欠であり、日本公庫では、積極的にリスクマネーの供給を行っている。

また、貸付条件においても、無担保、無保証の融資制度（回収不能額が増大しやすい）や据置期間の長い融資制度など、事業者にとって有利な融資制度を担っている。

③ 営業費用　→地域に密着した体制の整備

日本公庫では、全国すみずみまで、偏りのない地域金融の実施が求められており、全国で152カ所の支店を有している。また、全国15カ所に創業支援センターを設置し、創業セミナー、関係機関との連携などを進めるとともに、全国6カ所のビジネスサポートプラザでは、土日夜間の融資相談などを実施している。

## 4.4　コスト節減の責務

以上のように、日本公庫では、配当（国庫納付）、法人税、補給金等で財務上、民間銀行とは異なる取り扱いを受け、その分、低利融資、リスクテイク、体制充実など政策的に必要な活動が責務となっている。しかしながら、政府出資については、通常の配当分だけ「機会費用」として行政コストとしてとらえることができ、また、補給金にも公的資金（税金）が投入されている。

したがって、適切なリスク管理、債権管理や費用節減などについては、行政コストの削減につながるとともに、前述の日本公庫の責務を果たす余地の拡大にもつながることから、極めて重要な取り組みと位置づけており、不断の追求が行われている。

費用節減の例としては、国民生活事業において、2015（平成27）年1月からコンピュータシステムを一新し、契約事務などの定型的事務を全国2カ所の事

務集約センターで集中管理する体制に移行していくこととしている。

### 4.5 民間金融機関の補完

日本公庫は，財務上の特例等を背景に前述のような公的機関としての責務を果たすとともに，民間金融機関の補完的位置づけに徹することが基本理念となっている。実際にも，民間金融機関との連携が進んできており，日本公庫と民間金融機関との協調融資（同一の顧客に複数の金融機関から融資を行うこと）の実績も上がってきている。

## 5．日本公庫国民生活事業で力を入れている事業分野

### 5.1 小規模企業支援

国民生活事業では，小規模企業支援策を担っており，事業者（法人格を有しない個人事業主も含む）に対する小口融資を業務の柱としている。その政策的意義は以下のとおりである。政府としても，2014（平成26）年度に小規模企業振興基本法を成立させ，中小企業の中でも特に小規模企業に着目した施策を新たに展開し始めているところである。

（1）小規模企業の機能

小規模企業は，地域活性化，地域ブランドの担い手として位置づけられている。都市計画プランナーの西郷真理子氏は，地域資源や地域ネットワークに裏打ちされた「地域ブランド」の形成，展開は，大都市に依存しない地域の内発的・自律的な発展に寄与する，といった指摘をされている。これは，別の言い方をすると，「地域に根差した事業活動が，海外を含めた地域外に展開すれば，その収益は，大都市にピンハネされにくく，その地域経済で循環する貴重な財源となる」といった意味であり，その担い手として，地域の小規模な起業家，事業者が期待される。小規模企業者による地域に根差した活動は，地域活性化に資する可能性を有しているのである。

加えて，小規模企業，特にベンチャー企業などは，その事業活動の成否は需

要の創成，取込みに向けた不断の努力にあるといえるが，こうした需要，市場に向き合うことこそ，社会における課題解決につながっていく，という成果を生む。

また，小規模企業は，商品・サービスの供給面，就業環境面の双方で，ライフスタイル変革の担い手としても期待される。具体的には，子育て支援事業，非直線的な就業環境（直線型は「現役」「退職後」に二分された就業環境），職住近接型の事業などの担い手であり，これらが進展すると，女性の社会進出，活き活きとした長寿社会，ワークライフバランスの改善など，ライフスタイル変革が推進されると期待される。女性による「プチ起業」の動きなどはこれに寄与すると考えられるが，こうしたものの促進が必要となってきている。

(2) 小規模企業の課題

小規模企業の課題としては，創業時における財務力・信用力の欠如，家族的経営，脆弱な経営基盤，小規模細分化による全体としての不活性，地域経済への依存，などが指摘されており，これらへの政策的取り組みが必要といえよう。

(3) 日本経済社会の動向

一方，小規模企業を取り巻く経済環境をみると，人口減少，地域の疲弊，グローバル化，IT技術の進展，環境・エネルギー問題への対応，防災・安全安心への希求，など，さまざまな側面で変化が著しくなってきている。

特に，人口減少，地域の疲弊は，地域性の高い小規模企業に深刻な影響をもたらす可能性があるが，一方で，地域資源やIT技術を活用したグローバル展開などの事業の芽もあり，関係者が連携してこれらの経済社会動向に対応していくことが喫緊の課題といえる。

## 5.2　創業・ベンチャー支援

前述のように，創業企業は，財務諸表がない，経営手腕が不透明，担保力に欠ける，など，極めてリスクが高いが，創業の促進は，経済活性化には不可欠の事項となっており，国民生活事業の前身の国民生活金融公庫の時代から，重

要なリスクマネー供給分野として実績をあげてきている。日本国内の年間新規開業企業数の約20％が，国民生活事業を利用して創業しているとみられる。創業企業の中には融資を受けずに創業しているものもあるため，創業融資に占める国民生活事業の比率は20％を大きく越えるとみられる。また，国民生活事業以外の創業融資もあるが，これらは，民間の金融機関単独での融資ではなく，地域の信用保証協会による信用保証付での創業融資がほとんどとされている。地域の信用保証協会には自治体等の財政支援措置が入っており，かつ，信用保証制度は，日本公庫中小企業事業の一部である中小企業保険事業による再保険制度に組み込まれており，その中小企業保険事業にも国の財政措置が投入されている。このように，創業向け融資の多くは，何らかの形で公的支援が伴っているとみられる。

　政府の日本再興戦略には，開業率の倍増が盛り込まれ，日本公庫国民生活事業でも，2013（平成25）年8月，「創業支援プログラム」を策定，その後も内容の改訂を行ってきている。同プログラムは，創業活動前，創業準備期，創業後のそれぞれのステージに応じたきめ細かな対策を講じるとともに，まちづくりなどの面的な支援策との連携，個人保証制度見直しへの対応など，創業を取り巻く環境整備の面にも取り組む内容となっている。

　創業活動前の取り組みとして，「高校生ビジネスプラングランプリ」を紹介したい。これは2013（平成25）年度に創設したイベントであるが，その目的は，諸外国との比較において低いとされる「創業マインド」を若い世代にも醸成することにある。初年度にもかかわらず，全国から1,500を超えるエントリーがあり，その中から選考で8プランがファイナリストとして選ばれ，2014（平成26）年1月に東京で決勝大会を行い，愛媛県宇和島水産高校の$CO_2$吸着効果を有する海藻を用いたアワビの養殖・販売プランがグランプリに輝いた。応募の多くが，地域資源の活用やアイデアを活かした市場拡大を目論むプランであり，若い世代の活力を実感することができた。高校生からの感想でも，「起業が選択肢として加わった」，「普段の生活でも，商品やサービスの背景にある生産コスト，雇用効果などに気が回るようになった」などの声が寄せられている。創業マインド向上の目的に向け，引き続き本事業に取り組んでいくこととしてい

る。なお，本事業の一環として，高校生向けに公庫の職員がプラン作成の基本を出張授業する取り組みがあるが，これは，教える側としても，ビジネスの基本を改めて認識し，教材として提供する必要があり，そうした副次効果も発生している。

　国民生活事業は，商業，サービス業，飲食業などが顧客の多くを占め，従来，ベンチャー事業への取り組みは本格的ではなかったが，2008（平成20）年頃から知的所有権制度との連携事業を開始し，2013（平成25）年3月からは「資本性ローン」を導入，さらに，2014（平成26）年4月には本部にベンチャー支援グループを立ち上げるなど，取り組みを強化してきている。資本性ローンは，いわゆる劣後ローンの一種であり，出資に近い融資制度となっている。具体的には，一定期間（5～7年）の元本返済猶予，融資額の資本カウント，経営状況にあわせた金利体系，債権回収時の劣後などであり，立ち上げの一定期間のキャッシュフローが脆弱なベンチャー企業にうってつけの制度となっている。また，ベンチャーキャピタルによる出資との組合せにも効果を発揮している。制度導入後，目標以上の年間100件を超える実績をあげてきている。

### 5.3　海外展開支援

　本格的な人口減少社会を迎え，国内市場は今後，縮小が見込まれる。また，電気機械産業における新興国の追い上げ，エネルギー輸入の増大などに伴い，貿易収支の赤字構造が定着しつつあり，海外市場の取込みが急務となっている。

　こうした中，地域資源を活用した商品や日本ならではの「おもてなし」を背景としたサービスなどは，クール・ジャパンとして海外展開が期待されている。そうした産業の担い手としても，小規模企業のチャンスは十分にあるとみられ，政策的にもその後押しをしていくことが求められている。

　こうした海外展開の形態としては，商品の輸出やサービス業の海外展開など，いわゆる「アウトバウンド型」のほか，外国人に日本を訪れてもらって商品やサービスを購入してもらう「インバウンド型」（これらも財，サービスの輸出に該当する）の取り組みもある。インバウンド型としては，観光・物産サービスが代表的であるが，オリンピックによる国際交流効果も見込まれ，また，地域の

小規模企業にも大きな事業チャンスがあるとみられる。
　日本公庫では，クール・ジャパン向けの特利融資制度を 2014（平成 26）年度に創設したところであるが，引き続き，ジェトロやクール・ジャパン機構等の関係機関とも連携し，小規模企業の海外展開を，アウトバウンド，インバウンド含めて促進していくこととしている。

※本章の内容は，筆者が勤務する日本政策金融公庫の業務に関連することが中心であるが，個々の解釈などは公庫の正式なものではなく，あくまでも筆者個人の見解であることを申し添える。

# 第9章　コミュニティバスと地域活性化

## 1．はじめに

　今や，地域の公共交通は危機に瀕している。かつて全国津々浦々に普及した乗合バスは，高齢化・過疎化の波の中で次々に路線休廃止の現実に直面している。
　地域の公共交通は，文字通り住民の足として，通勤・通学・買い物・通院など地域住民の生活に欠くことのできないツールであると同時に，地域経済・文化交流を支える重要な基盤でもある。すなわち，それは地域活性化の重要なファンダメンタルス（基礎的要素）なのである。さらに，今後予想されるところのさらなる過疎化の進行と人口高齢化に伴う交通弱者の増大は，さらにその重要性を高めていくことは間違いないであろう。
　そこで本章では，乗合バスが危機を迎える歴史を概観し，コミュニティバスなるものが出現するに至った背景を論述する。そこでは，従来の国の免許制度による民間事業者中心の乗合バスが破たんを迎え，これに替わる市町村営バスが登場し，そしてその名前が変わっただけのコミュニティバスが地域交通を支える状況を説明する。
　そして，行政の施策を座して待つのではなく，住民がみずから主体的に獲得した新しいコミュニティバスの事例を紹介する。
　そこには，単なる交通問題の解決にとどまらず，その獲得過程を通じた住民の主体的な地域活動・地域交流が地域活性化を促すことも合わせて述べたい。そして，この取り組みこそが，「公」でも「私」でもない，「官」でも「民」でもない新しい担い手が公共を支えるガバナンスにつながる可能性を示唆するものである。

## 2. 地域交通におけるコミュニティバスの位置づけ

### 2.1 乗合バスの危機的状況

　戦後のモータリゼーションと道路整備の進展の結果は，マイカー優先と公共交通機関の衰退を招いている。特に路線バスの利用の低迷は深刻で，輸送機関別輸送人員の推移[1]を見ると，乗合バスは平成5年を100とすれば，平成18年では68.4と3割以上の大幅な減少を示している。他の輸送機関を見ると，鉄道ではJRが98.6，民鉄が97.2とほぼ横ばいで健闘しているのに比べ，自家用自動車は平成14年の115.1をピークにやや微減傾向を示すものの110.4と増加している。さらに言えば，全国の乗合バス輸送人員は増加傾向の昭和45年度（1970年）100.7億人から平成21年度（2009年）には42.6億人と，この

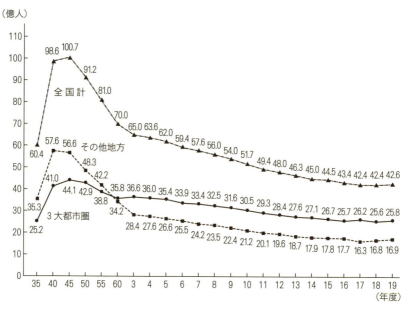

図表9-1　乗合バス輸送人員の推移（全国・3大都市圏・その他地方）

出所：『日本のバス事業2010年版』日本バス協会，p.12。

40 年間で実に 4 割に縮小しているのである[2]（図表 9 − 1 参照）。

　2007 年に国交省自動車交通局が行ったアンケート調査[3]によると，路線バスの廃止があった市区町村は，2000 年度以前は 1,503 市区町村中 674 市区町村（45％）となっている。2001 年度は 130 市区町村（9 ％）であるが，年々増加傾向にあり，2005 年度は 255 市区町村（17％）になっている（図表 9 − 2 参照）。また廃止路線数でみると，2000 年度以前は 2,187 路線である。2001 年度は 254 路線であるが，2002 年度から 2004 年度にかけてはいずれも 500 路線近くと急増しており，2005 年度は 555 路線とさらに増加傾向にあることがわかる（図表 9 − 3 参照）。

　これらの背景として，2002（平成 14）年 2 月に施行された道路運送法改正によって乗合バスの路線廃止が許可制から届出制に変更され，路線撤退が事実上自由化されたことが挙げられよう。乗車需要の絶対量の落ち込みの中ですでに発生していたバス路線廃止が，2002 年法改正によって需給調整規制という歯止めが無くなり，増加に拍車がかかったということである。

　これらの相次ぐバス路線の廃止は，市民生活に深刻な影響をもたらすことは

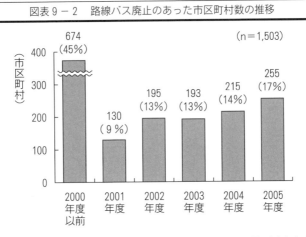

図表 9 − 2　路線バス廃止のあった市区町村数の推移

出所：「バスの運行形態等に関する調査報告書」，2007 年 3 月，国交省自動車交通局旅客課，p. 3。

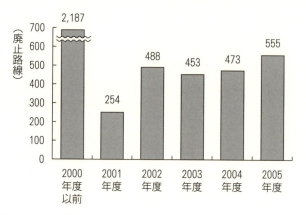

図表9－3　廃止路線数の推移

出所：「バスの運行形態等に関する調査報告書」，2007年3月，国交省自動車交通局旅客課，p.3。

言うまでもない。特に，自家用車の運転がみずからできない高齢者・経済的困難者，そして高校生などいわゆる交通弱者と呼ばれる市民層にとっては死活問題となっている。さらに路線廃止によって発生する交通空白地域や交通困難地域は地域の利便性を低下させ，さらなる過疎化を招来し，地域活性化の重大な足枷となることは論をまたない。

## 2.2　乗合バス事業の法的枠組み

　乗合バスは，鉄道など他の公共交通機関同様，法律（バスの場合は道路運送法）に基づき，厳格な免許制度（通説では講学上の特許と解せられる）によって一定の限られた業者によって運営され，国（旧運輸省，現国交省）が需給調整規制を含むコントロールを行うという仕組みの下にあった（ここではこれを「民営免許システム」と呼ぶ）。そのことは図表9－4にあるとおり，需要が爆発的に伸びた時期も事業者がさほど増えず，その後も400前後で推移していることでわかる。

　この護送船団方式ともいうべきシステムは，業界全体が上り坂の場合はうま

第 9 章　コミュニティバスと地域活性化 | 149

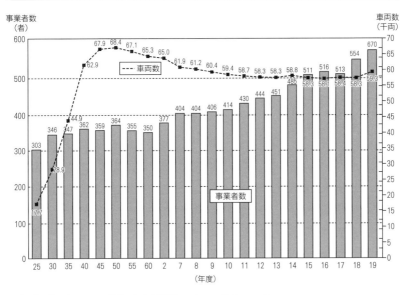

図表 9 - 4　乗合バス事業者・車両数

出所：『日本のバス事業 2010 年版』日本バス協会, p.9。

く機能するといえる。増大する需要の中で, 行政がそのパイを不満が出ないように公平に事業者に分配すれば済むからである。利用者である一般国民も, 供給増によってその果実のおこぼれに与かることができる。しかし, いったん, 需要が低迷し, 減少することにでもなれば状況は一変する。森田朗[4]も指摘するように, 免許制度における申請主義は, 需要減に対して効果的な手段や合理的な調整方法を用意していないからである。いきおい国は不満をかこつ業界の声におされて, 利用者の利益は蔑ろにされかねない状況となるのである。

図表 9 - 5 をみれば, 乗客の減少の下落幅に対して, 営業収入がそれほど落ち込んでいないことがわかる。もちろん, 貨幣価値の変化も考慮すべきだし, また料金値上げも伴っただろう。しかし, この明らかな格差は, 不採算路線の切捨てとその責任転嫁が何らかの形で行われたことを想定させる。そして, これを補完したものが, これから述べる市町村営バス（法的に乗合バス事業でないため, 本図表には含まれない）であると考えられる。

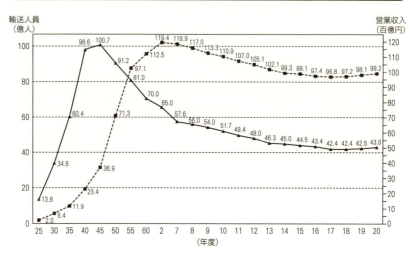

図表9-5 乗合バス利用者と営業収入の推移

出所:『日本のバス事業2010年版』日本バス協会, p.9。

## 2.3 市町村営バスの歴史

### (1)「元々の」公営バス (4条バス)

　市町村営バスとして最も歴史が古いものが，いわゆる市バスと言われる大都市の公営バス (2009年度で26団体，東京都と長崎県営も含む，ピーク時1983年の59から半減。バス協会年鑑より) である。これは，公営企業法が適用され，大都市の交通政策のため都市の利便施設として運営されるものである (若干の取扱いの例外があるが)。基本的に民間事業者同様，道路運送法第4条による免許を得て運営される (4条バス)。これらの公営バスは大都市に限定され，その数も少なく，民間バスの亜流として本論稿の対象とせず，小規模の市町村が運営するバスに焦点を絞ることとする。

### (2)「田舎の」市町村営バス (80条バス) (1970～1971年から広まる)

　先述のように，道路運送法が定める4条バス一本やりの民営免許システムは，需要減に的確に対応できない。そのため需要減が相対的に早かった地方での矛

盾が先行した。加藤博和・福本雅之も「1960 年代後半から過疎地域における公共交通確保が課題となってきた。」と指摘する[5]。そこで民間を当てにできない過疎地の市町村が苦肉の策として自前のバス（市町村有自動車，当然，白ナンバー（非営業車）である）で対応しようとする。無料であれば届出（2002 年 2 月からは不要）だけで済むが，利用者の公平性の見地から，必然的に応益負担として料金の問題が起こる。かといって，規模の小さな市町村が地方公営企業法適用の 4 条事業者になるのはまず無理というものである。そこで，加藤・福本によれば，運輸省は，「道路運送法改正を伴わない公共交通確保策として，1970～71 年に（しかも本省ではなく出先の各支分局の長である）各陸運局長から 101 条（現 80 条）（原文ママ）バスの許可に関する通達が出て，過疎地域において市町村の自主運行バスが広く運行されるようになった。」[6] 80 条バスは，北海道などの過疎地域を中心に始まり，各陸運局の通達発出に伴い，全国に拡大していった。

（3）「路線廃止の切り札だった」21 条バス（1983 年頃から広まる）

　過疎地で始まった矛盾は，いずれ中小都市や大都市縁辺部でも顕在化する。路線バス需要が下降傾向となり民営免許システムが破たんし始めたこと，また路線維持が全国的に社会問題化したことは，1972 年に国が地方バス路線維持補助を制度化したことでそれがうかがえる[7]。これは，都道府県が指定した生活路線を対象に，国と自治体（都道府県と市町村）で経常欠損額を補助する制度である。前述のとおり路線廃止は，2002 年の道路運送法改正による路線撤退の自由化で始まるのではない。それ以前から各地に発生していたのである。ちなみに 2000 年までの廃止路線数は，2,187 に及ぶ[8]。

　市町村営である 80 条バスの多くはもちろん直営で，2 台程度の公用車で職員が運転するものが多いが，中には運転代行という名で，村内のタクシー会社や運送業者に委託するものも見うけられる。ただし，あくまで運営主体は市町村であって，車は民有であっても非営業車（白ナンバー＝自家用車）となる。

　路線廃止への対応が中規模の市町村に及ぶと，その規模から 80 条の公用車での対応は困難になる。そこで，上記運転代行を一歩進めた形態として，21

条バスが登場する。21条バスとは，加藤・福本によれば「21条バスによる自治体運営バスは，不採算バス路線を廃止後，自治体が貸切バス事業者に同一路線の運行を委託し，経費から運賃を差し引いた分を補助することで路線を維持する方式として用いられるようになったのがきっかけである。」[9] 実質的には委託元の市町村が運営主体ではあるが，許可申請は受託先である貸切事業者が行うため，法的な運営主体はあくまで事業者であって，使用車も営業車（緑ナンバー）である。車体には「貸切」の表示がなされるが，外見上，従来の4条バスと変わらない形の運行となる。

21条バスは，道路運送法第21条第1項に一般貸切旅客自動車運送事業者が乗合旅客運送を行うことの禁止規定があるが，その例外を特別に国土交通大臣が許可できることを根拠とし，決して積極的に政策的に認められたものではない。

このように，道路運送法の予定する民営許可システムの破綻を，法の例外である市町村営バス（80条バスと21条バス）により補完する形が1970年代以降，定着していくのである。

図表9－6　市町村営バスの種別

| | 4条バス | | 21条バス | 80条バス | |
|---|---|---|---|---|---|
| | 補助なし | 補助路線 | | 委託 | 直営 |
| 運営<br>（路線・ダイヤ策定） | 事業者 | | 市町村 | | |
| 運行<br>（運転，車両管理） | 事業者 | | | | 市町村 |
| 事業者の分類 | 乗合バス事業者 | | 貸切バス事業者 | 運転代行業者 | 市町村 |
| 車両 | 営業用<br>（緑ナンバー） | | | 自家用<br>（白ナンバー） | |
| 公的資金の有無 | なし | あり | | | |

出所：「地域公共交通の知恵袋」岡山県生活交通対策地域協議会編（2006年3月）より，p. 25。

しかし,(1)で述べた道路運送法が本来予定する公営バス,すなわち自治体が法的に事業主体となって運営する4条バスが全国でわずか26都市(2009年現在。東京都・長崎県を除き,残りすべてが市)に過ぎず,一方(2)以下の法の例外規定による市町村営バスが,914市区町村で1,072件の許可(2005年現在。運行協定委託による4条バスも含む[10])がなされている。例外的運用が本則をはるかに凌駕しているこの実態は,一驚に値する。

2006年の道路運送法改正で,ようやく例外規定の見直しがなされ,80条バスは78条・79条で新設された自家用有償運送制度に編入され,また21条バスは廃止され本則の4条許可に変更されたが,30年近く異例の状況が続いたのである。

(4)「新たな地平を切り拓いた」公営コミュニティバス(4条・21条バス)
　　ー「ムーバス」の登場(1995年以降)

1995年,武蔵野市の「ムーバス」(関東バス(株)の4条バス)は,あらたな市町村営バス形態の契機になったと言われている。いわゆる公営コミュニティバス(一般には単に「コミュニティバス」と称されることが多いが,筆者は後述する脱公営型と区別する意味で「公営」を冠した)である。それは加藤・福本[11]によると「ムーバスは,『運営と運行の分離』という新しい地域公共交通モデルを提示したと言える。すなわち,従来は運営・運行の一切をバス事業者(4条・21条)もしくは自治体(80条)が行っていたが,ムーバス以降の多くのコミュニティバスでは,バス事業者が4条もしくは21条許可を受けて運行・車両管理を担当し,路線計画と欠損補助を自治体が行う,という役割分担が明確化されたのである。」

先に示した図表9－6において,従来,4条バスの「運営」は形式的には「事業者」であるが,補助を通じて行政の意向が反映される。また逆に,21条バスの「運営」は形式的に委託元の「市町村」なのであるが,廃止代替としての成立過程から事業者側の意向が強かった。しかしこの新方式は,オーナーとしての市町村の運営者としての役割と責任を事業者に対して明確化したところに意義があるといえる。法的には,4条・21条とも当該免許を受ける事業者が

運営・運行とも行う形ではあるが、行政サイドの報告書[12]によれば「運行協定による委託」として、市町村が運営主体として位置づけられているのである。

これは従来、受け身的にやむをえず乗り出した市町村営バスを前向きに積極的にとらえ、単なる路線廃止に対する代替措置にとどまらず、従来から課題であった交通空白地域に対して市町村として関わっていこうという意思が示されている。

ムーバス以降、関東圏を中心に先進的でかつ財政的にゆとりのある市町村で、公営コミュニティバスが次々に生まれるが、必ずしもその数は多くはない。財政難の中で相次ぐ路線廃止の危機に、赤字補助による民営の4条バスのつなぎ止め、あるいは80条・21条バスによる代替に追われる市町村が大半であるからである。しかし、やがてそれらも名前はいずれも地元の名前や公募の愛称を冠してコミュニティバスと呼ばれるようになるが、全国に1,000[13]あると言われるその実態は、大部分が消極的なものでしかないのである[14]。

(5) 脱公営型（住民主体型）コミュニティバス（4条・21条・80条バス）

ムーバスが切り拓いた「運営と運行の分離」は、もう1つ新たな地域公共交通モデルも引き出した。市町村営ではない、住民主体のコミュニティバス（以下、脱公営型コミュニティバスと呼ぶ）である。青森県鰺(あじ)ヶ沢町における全住民回数券購入方式（4条バス、1993年）や岐阜県郡上市白鳥地区の商工会議所によるデマンドバス（21条バス、2003年）、さらに淡路市長沢地区ミニバス（80条バス、2002年）の例があるが、やはりその全国区としての嚆矢は、2004年開始の京都市の「醍醐コミュニティバス」であろう。

これは、京都市営バスや京阪バスの撤退によって交通空白地区となった京都市醍醐地区において、住民が中心となって「市民の会」を立ち上げ、沿線企業の協力も得て、ヤサカバスによる4条バスを2004年2月に開通に持ち込んだものである。コースや停留所の位置など住民の希望が最大限取り入れられ、手作りのバス路線として運営がなされ、当初の予定以上の利用者で安定的な運営がなされている。また、神戸市の「住吉台くるくるバス」も、住民の強い希望が地元NPOを動かし、内閣府の全国都市再生モデル調査による実証実験を経

て，2005年1月，みなと観光バスの4条バスによる開業を果たした。この間，区役所など関係行政機関，学識経験者も巻き込んだ東灘交通市民会議を立ち上げ，コース・停留所の位置決めなど住民主体で行い，「マイバス」の意識[15]が醸成され，当初計画以上の乗客を得て黒字運営がなされている。

　先に述べたとおり，市町村営バスの役割が拡大していく中で，明確で十分な税源措置がなされず，ただでさえ厳しい財政にあえぐ市町村の対応は必ずしも期待できない。また，安易に市町村営バスが民間事業者にとって代わるだけでは，住民・利用者に危機意識も生まれず，民営時代以上の利用減につながる恐れがある。最終的に公営でやるにしろ，住民の主体的な参加による意識づけがなければ地域交通を守ることはできないことを，両事例は物語っている。

## 3．神戸市の2つのケース

　ここでは，地域にとって最も身近で切実な問題である地域交通の確保に，地域住民が立ち上がった神戸市における2つの地域について取り上げる。1つは，都市縁辺部のかつてのニュータウンともいうべき開発団地であり，いま1つは，市街地から離れた農村歌舞伎の伝統をも有する典型的な過疎地である。都市部と過疎地という対照的な立地条件において，コミュニティの成り立ち，歴史，状況も異なるこの2つの地域が，高齢化と人口減少という共通の課題のもとで，みずからの力でともにコミュニティバスという新しい手段により，地域の危機を乗り越えるとともに地域の利便性を高めるに至った事例を紹介する。

### 3.1　住吉台くるくるバスの事例
（1）住吉台の状況

　神戸市東灘区住吉台は市の既成市街地東部の六甲山南麓部にあり，昭和40年代に造成が始まり，県営住宅を皮切りに眺望の良さを売りにした民間の戸建て・社宅・マンションが建設された。民間開発が主体であったため，急峻な斜面を階段状に造成した形で，道路も狭く勾配がきついところが多い。ピーク時の昭和60年頃には人口5,500人を数えたが，2004年現在，4,400人に減少，

図表9-7　神戸市全図（点線は区境）

また高齢化率（65歳以上）も22％と全国平均を上回る（神戸市人口統計）。地域内には利便施設が少なく，大型スーパーや病院，社会福祉施設などを利用するためには，JR住吉駅などの鉄道駅に出なければならない。JR住吉と結ぶ市バスは住吉台の入口までしか来ず，バス停からは大きく迂回するか，有名な315段の階段を上り下りしなければならない[16]。このような状況の中でほとんどの住民が自家用車による生活を余儀なくされてきたが，高齢化の中で公共交通の利便性を求める声が次第に高まってきた。30年来の悲願として市に対し市バス路線の団地内乗り入れを要望してきたが，道路が狭小でカーブが多いという地形上の理由とバス需要が少ないこと，市バスの採算上の理由から実現に至らなかった。

（2）経　緯

　1995年の阪神大震災の結果，多くの被災した市街地の高齢者が県営住吉台住宅に入居し，バス導入の声はより切実なものとなって一気に高まった。被災者支援活動を母体とする地元のNPO「CS神戸」が問題提議をし，神戸市企画調整局・東灘区役所を動かし，国（内閣府）にバス運行実験（調査費）の補助を申請することとなった。2003年9月に全国都市再生モデル調査[17]に採択され，

CS神戸が事業主体となって，みなと観光（株）に運行委託し，2004年2月21日から同3月31日の小型バスによる有償運行実験がなされた。2月中は無料，以後200円とし，1時間に1本の運行であったが，有償化後も客足は途絶えず成功裏に実験は終了した。また，バスが単なる移動手段にとどまらず，高齢者の外出機会の増加や地域コミュニティ向上に寄与していることが判明した。

この結果を受けて，同年6月，地元の熱心な世話人のもと，東灘交通市民会議が，東灘区山麓部各自治会，マンション管理組合，老人会，ふれあいのまちづくり協議会代表，協力者，NPOが参加し発足した。4回にわたり毎回50人程度の参加者を得て開催され，運行ルート・停留所の設置などバス運行に向けて，住民とNPO，バス事業者，行政が話し合いを行った。この間，住民と事業者により実物バスを使っての現地調査を実施，バス停予定地近隣の住民への説得も住民が中心となって行われた。また，バス業界では難物である既存バス停留所の共用の調整（他バス事業者との調整）も市民会議を背景に乗り切り，2005年1月11日の第4回会議で運行の正式決定と名称決定がなされ，同年1月23日運行開始にこぎつけた。この会議での議論の過程は「東灘交通市民会議速報」として全戸配布され，透明性の高い合意形成のプロセスが図られた。

同年5月には住民によって「住吉台くるくるバスを守る会」も発足し，「くるくるバス通信」の定期発行やバス定期券の現地販売委託などサポート活動もなされている。

当初のマーケティング調査では500人程度と予想された乗客人員も徐々に伸び，2007年には平均900人，日によっては平日で1,000人を超えることもある。住吉台の世帯数（19年8月現在1,770世帯）からして相当高い実績を示しており，特に高齢者の外出意欲を高めていると考えられる[18]。

## 3.2　淡河町ゾーンバスの事例
### （1）淡河町の状況

神戸市北区淡河町は，六甲山系の北，市域の最北に位置し，面積37.69km²，人口3,240人の典型的な農村過疎地域である。古くから宿場町として栄え，町内には「石峯寺の薬師堂や三重塔」，南僧尾の「観音堂」，「淡河八幡神社の御

弓神事」などの貴重な文化財や伝統行事が数多く残されている。

　町内には農村歌舞伎舞台も保存されており，自治組織もしっかりしている。交通機関としては，路線バスが町の東西を縦貫する県道三木三田線を走り，東は神戸電鉄岡場駅・三田駅，西は神戸電鉄三木駅に連絡し，また，南北に国道428号線を使って，北は吉川，南に新神戸トンネル経由で三宮を結ぶバス路線がある。過疎地を結ぶ路線であるため本数が少なく，交通空白地域ではないが不便な地域である。したがって，足はもっぱらマイカーということになって，高齢化が進む中，町内交通や鉄道駅とのアクセスが課題となっていた。

（2）経　緯

　2005年に淡河自治協議会が町民アンケートを実施したところ，交通問題が上位にあがり，地域貢献を考えていたNPO法人（福祉施設家族会）が地元有志と相談し「淡河町交通問題研究会」が発足した。2006年の道路運送法改正で自家用車を使った有償運送制度が可能になったことを受けて，町内にある福祉施設がそれぞれ所有する送迎用車両を空いている時間帯に活用したゾーンタクシー計画が持ち上がった。

　この話を受けた北区役所は，地域交通を所管する神戸市企画調整局調査室へ連絡し，両所の職員が淡河町に入った。当初は，NPO代表者が生粋の地元住民ではないこともあって，自治会など地元組織は諸手を上げて賛成という状況ではなかった。そこで，バス実現のためNPO代表者を盛り立てる会を創ろうということで，外部から学識経験者のブレーンを呼び，一緒に取り組みを進めることとなった。徐々にバスのメリットが理解されるようになって計画が進みだした。

　具体的には，町内の福祉施設の送迎用バス2台を活用し，最寄の公共交通機関（町内バス停および北神急行電鉄谷上駅）までの運行が計画された。福祉施設家族会（NPO）が運営主体と決まり，2007年から道路運送法に基づく過疎地有償運送の手続きに入った。法定の地域公共交通会議・過疎地有償運送運営協議会（いずれも主宰者は神戸市企画調整局）など2年かけて登録手続きを行い，2009年3月運行開始にこぎつけた。両会議での協議過程では，既存交通事業者（バ

ス・タクシー会社,同労組団体)の反対もあって,鉄道駅への乗入は断念せざるを得なかったが,既存バス停への接続を重視する形で決着した。また,これらの障害がかえって地元住民をバス実現に結束させる結果となった。現在では,計画を上回る利用があり,順調に運営がなされている。1回200円で,21年度4,987人の利用で黒字(43千円),また22年度も6,037人の利用で101千円の黒字となった。

## 4．コミュニティバス成立条件とその課題

### 4.1 住民の当事者・参加意識〜「おらがバス(マイバス)意識」

　前章でも述べたように,コミュニティバス成立の最大の条件はニーズにあることは言うまでもないが,それを左右するものとして住民・利用者の意識がある。先述のとおり,積極的な意味での公営コミュニティバスが,東京都周辺を中心に拡大した背景には,それが潜在需要を喚起したことが挙げられる。

　武蔵野市のムーバスは,当初は民間事業者が門前払いをしたような路線で,しかも100円という安価な料金でも一応の黒字経営ができることを示した。行政広報や口コミによって潜在需要を掘り起こしたということである。この成功例が近隣都市に,そして全国に公営コミュニティバスの意義づけと政策波及をもたらした。また,醍醐コミュニティバスや住吉台くるくるバスも同様のことがいえる。どちらも運営上,公的補助なしで4条バスが円滑に運営されている。両者とも当初の想定以上の利用客があったことが共通している。

　この潜在需要を呼び起こすものは,一にかかって住民,利用者の意識である。村田加奈子[19]は「『醍醐コミュニティバス』のことを『わたしたちのバス』と言っていた『醍醐コミュニティバスを走らせる市民の会』の婦人の言葉を思い出した。その婦人は,私が一度参加した小学生対象の利用促進活動の際,『コミュニティバスはわたしたち,ぼくたちみんなのためのバスやからたくさん乗ってね』と子どもたちに促していた。」と述べ,「わたしたちのバス」という言葉に意義を見出している。また,住吉台くるくるバスで学識経験者として関わった森栗茂一[20]も,「マイカーならぬマイバスが,地域コミュニティーをつな

ぐ。」ことを述べている。また，住吉台では，印刷物による広報活動の他，地元集会所での回数券・定期券の販売を行うなどの支援活動が行われている。これらの住民はコミュニティバス獲得に向けて，「つくる会」や「守る会」などを通じ市民活動を展開して，その過程で自分たちのバスの意識を持ったと思われる。この住民の意識こそ自発的な利用を促し，バスの安定的な運営を支えるものに他ならない。このように，地域の公共交通を自分たちのものとして，自分たちが乗って支えるという当事者意識ないし参加意識は「おらがバス」あるいは「マイバス」意識と呼ばれる。この地域交通の危機にあって重要なことは，この「おらがバス」意識である。

　醍醐，住吉台の場合は，それなりに潜在需要があったケースであるが，大半の市町村営バスは十分な需要がない場合が多い。そうであればこそなおさら，バスを維持するのは自分たちの利用のためであるという意識が必要なのである。東京都のワンコインバスのように積極的な公営コミュニティバスの登場以後，路線廃止代行のような消極的な市町村営バスも，地元名や愛称を冠して「コミュニティバス」と称するようになった。それは，すこしでも住民に親しまれ，愛着を持って利用してもらいたい，という切なる願いが込められている。しかし，いくら名前を変えたところで，それだけでは「おらがバス」の意識は生まれるものではない。安直に，従来の路線の主体が民間から市町村に移るだけでは，住民の危機感も生まれず，守ろうという意識も生じない。住民がみずから汗をかき努力してこそ，この意識が醸成される。その意味で，脱公営型コミュニティバスが期待される。最終的に何らかの公的補助を行うにしろ，立ち上げは住民が主体的に行わなければならないのである。

## 4.2 「真」のコミュニティバスと地域活性化

　先述のとおり，潜在需要が一定存在した醍醐や住吉台のケースは稀である。今後も高齢化と人口減少によって需要が減少の一途を辿る過疎地・都市縁辺部の地域交通を，もはや一定の需要と規模を必要とする民間事業者に委ねることは現実的ではない。たとえ補助や委託による赤字補てんがあるとしても，それが膨大な金額に膨れ上がるからである。また，公営になれば撤退も困難になる

ことは容易に想定される。公営なら最後の1人になるまで走らせろという暴論も起きかねない。

そこで期待されるのが，脱公営型コミュニティバス，つまりNPOなど非収益セクターによるコミュニティバスである。地域に根差し，地域の住民が運営し，それを地域の住民が利用し支えていく。これこそが本来の「真」のコミュニティバスであると考える。

神戸市北区の典型的な過疎地である淡河町では，地元NPOによる村内の福祉施設の送迎用バスを使った村内のゾーンバスを2011年に開始し，住民の積極的な利用を得て，細々とだが黒字経営がなされている。ここでは，法手続きに2年間もかかったことで住民に危機感が生まれ，「おらがバス」意識が生まれたケースである。

法手続きだけに2年間も要した事実は，法制度上，2006年の道路運送法改正によって自家用（過疎地・福祉）有償運送制度が創出されながら，国が条件として既存事業者の同意など過度に高いハードルを課している結果を示すものである。さらに，ここでは事業者の路線に係る既得権意識が当初に計画した最寄駅への接続を断念させることにもなっている。この淡河ゾーンバスは住民の力で運行に持ち込むことができたが，山口県周南市のケースのように，2010年に既存事業者の不同意で運行が断念されたものもある[21]。このような高いハードルを具体的に課しているのも国土交通省の省令であって，同省はコミュニティバスに関しては事業者への委託を第一に指導しているのである[22]。

国交省が推し進める公営コミュニティバスとは，戦後長い過程を経て進められてきた「官営から民営」の政策原則に逆行する施策であって，行政改革の根本理念にも反する「私」から「公」への退行であるともいえる。

いずれにしろ，住民の当事者・参加意識を醸成する意味でも非公営型コミュニティバスが最適であり，このバス獲得の活動を通じて地域コミュニティの再生にもつながる。住吉台では，バス獲得活動をとおして地域全体のコミュニティ活動が高まったことが報告されている[23]。

これは，地域コミュニティがみずからの問題をみずから汗をかいて解決をはかるという新しいガバナンスの実例である。経済学的にいえば，公共財の自発

的供給と位置づけることもできよう。また，視点を変えれば，NPOが大きく関わっており，官でも民でもない新しい公共サービスの担い手の好例でもある。

今，求められるのは，行政サービスの多様な担い手である。「民」でも「官」でもない，また「私」でも「公」でもない，新しい「共」によるガバナンスの可能性を持つ身近で切実な問題の処方箋…それが脱公営型コミュニティバスなのである。

## 【注】

1) 国土交通省第1回「バス産業勉強会」(2008.10.9) 資料3, p.5。
2) 『日本のバス事業2010年版』日本バス協会, p.12。
3) 「バスの運行形態等に関する調査報告書」，2007.3, 国交省自動車交通局旅客課。全市町村1,833団体中，有効回答1,503団体，有効回収率82.0%。
4) 森田朗「許認可行政と官僚制」岩波書店, p.168。
5) 加藤博和・福本雅之「地域公共交通サービスの運営からみた日本の道路運送関連制度の問題点」2005.12, 土木学会研究・講演集, No.32, p.2。
6) 同上。
7) 山崎治「乗合バス路線維持のための方策」国立国会図書館レファレンス2008.9号。
8) 「バスの運行形態等に関する調査報告書」2007.3, 国交省自動車交通局旅客課, p.3。
9) 加藤博和・福本雅之，前掲書, p.2。
10) 「地域住民と協働による地域交通のあり方に関する懇談会　コミュニティバス等地域住民協働型輸送サービス検討小委員会」資料, 2006.1, 国土交通省旅客課, p.7。
11) 加藤博和・福本雅之，前掲書, p.2。
12) 「多摩地区におけるコミュニティバスおよび路線バス支援策に関する実態調査」財団法人東京市町村自治調査会, 2009.3, pp.19〜20。
13) ウィキペディア「日本のコミュニティバス一覧」http://ja.wikipedia.org/wiki/%E6%97%A5%E6%9C%AC%E3%81%AE%E3%82%B3%E3%83%9F%E3%83%A5%E3%83%8B%E3%83%86%E3%82%A3%E3%83%90%E3%82%B9%E4%B8%80%E8%A6%A7。
14) 「バスの運行形態等に関する調査報告書」(2007.3, 国交省自動車交通局旅客課, p.4) によれば，519と全体の49%の市町村が廃止代替の市町村営バスを運行している。

15) 「マイバスが走る『幸せの町』～神戸市住吉台くるくるバスのその後～」(月刊福祉 2006 年 8 月号) 東灘交通市民会議座長／大阪外大教授　森栗茂一。
16) 「サスティナブルコミュニティと交通まちづくり (住吉台くるくるバスを守る会活動から)」大阪外国語大学森栗茂一研究会, ISFJ 政策フォーラム発表論文, p.12, 2005.12。
17) 全国都市再生モデル調査
　　都市再生本部 (本部長：内閣総理大臣) において決定された「全国都市再生のための緊急措置～稚内から石垣まで～」(2002 年 4 月 8 日) の一環として, 全国各地で展開される「先導的な都市再生活動」を国が「全国都市再生モデル調査」として支援するもの。内閣府が所管, 2003 年から 2007 年まで公募, 支援がなされた。
18) 「社会的包摂手法による地域の再生」財団法人・神戸都市問題研究所, NIRA 委託研究報告書 No.0708, 2008.9, p.139。
19) 村田加奈子「新しい社会システムの可能性―コミュニティバスを通した考察」同志社大学立木研究室卒業論文集, 2004 年。
20) 注 15) と同じ。
21) 山口新聞, 2010 年 2 月 26 日記事。
　　http://www.care-news.net/yamaguchi/2010/02/26/571027.html
22) 九州運輸局自動車交通部主催の平成 22 年度企画事務［地域交通活性化］(地方ブロック) I 研修～「コミュニティバス導入のポイント」～のテキスト p.9 によれば「(3) 運送事業者への委託を基本に検討しましょう。」と明記されている。
23) 注 15) と同じ。

### 参考文献

大阪外国語大学森栗茂一研究会「サスティナブルコミュニティと交通まちづくり (住吉台くるくるバスを守る会活動から)」ISFJ 政策フォーラム発表論文, p.12, 2005 年 12 月。
岡山県生活交通対策地域協議会編「地域公共交通の知恵袋」, 2006 年 3 月。
加藤博和・福本雅之「地域公共交通サービスの運営からみた日本の道路運送関連制度の問題点」,『土木学会研究・講演集』, No.32, 2005 年 12 月。
くるくるバス通信, 8 号, 30 号。
国土交通省自動車交通局旅客課「福祉有償運送ガイドブック」, 2008 年 3 月。
国交省自動車交通局旅客課「バスの運行形態等に関する調査報告書」, 2007 年 3 月。

国交省自動車交通部旅客課「地域住民と協働による地域交通のあり方に関する懇談会」資料, 2006年1月。

財・神戸都市問題研究所「社会的包摂手法による地域の再生」『NIRA委託研究報告書』No. 0708, 2008年9月。

財団法人東京市町村自治調査会「多摩地区におけるコミュニティバスおよび路線バス支援策に関する実態調査」, 2009年3月。

相良幸信「住民活動の実践 淡河町ゾーンバス」『アシステック通信』64号, 兵庫県立福祉のまちづくり研究所, 2011年。

日本バス協会『日本のバス事業』, 2009～2012年版。

東灘交通市民会議速報1～3号。

村田加奈子「新しい社会システムの可能性―コミュニティバスを通した考察」同志社大学立木研究室卒業論文集, 2004年。

森田 朗『許認可行政と官僚制』岩波書店, 1988年。

森栗茂一「マイバスが走る「幸せの町」～神戸市住吉台くるくるバスのその後」『月刊福祉』, 2006年8月号。

森栗茂一「くるくるバスがもたらした持続可能なオールドニュータウン～住吉台くるくるバス開通のその後」『交通工学』, Vol. 42, No. 1, 2007年。

山崎 治「乗合バス路線維持のための方策」『国立国会図書館レファレンス』2008. 9号。

H. 20. 10. 9 国土交通省第1回「バス産業勉強会」資料。

# 第10章 条件不利地域の活性化と農家レストラン

## 1．問題の背景

　グローバル化，高齢化・人口減少，財政制約の下，日本全域で「二極化」現象が進行している。東アジアの拠点としての位置づけを与えられた東京への一極集中を代表として，海外市場の開拓に成功した生産地や増加する外国人観光客の獲得に成功した観光地などの一部の限られた地域を除いて，グローバル化に乗り遅れた地域の過疎衰退が構造化している。とりわけ，地方の中小都市や中山間地域における過疎衰退は著しい。

　これらの地域の多くは，厳しい自然環境や利便性に欠ける交通環境など立地条件に恵まれず，新たな企業誘致が難しく，インフラ整備の有効性も乏しい。加えて，国と地方の深刻化する財政難から，地域振興に向けての財政支援にも今後は多くを期待できない。社会情勢や経済情勢が大きく変化した現在では，条件不利地域の活性化はもはや不可能なのであろうか。

　地域活性化を巡る今日的状況は，これまでのように基幹交通を中心とするインフラ整備，特定地域を指定する集中的な公共投資，一定の開発計画に対する税制や財政優遇による特定政策の誘導等の有効性を減退させ，地域資源を活用した内発的な経済発展，住民主導のコミュニティ再生など，国依存型ではない地域自身の発案と実行による活性化策が求められている。

　一方で，急速に高齢化と人口減少が進む地域社会は消滅の危機が喧伝されるようになり，地域社会を維持していく上で雇用確保が重要な課題であることが改めて認識され，地域活性化に向けての多様な動きの中で，雇用確保に直結する経済の活性化が依然として重要な位置を占めていることを明らかにしている。

では条件不利地域の雇用をどう図るか。従来は，条件不利地域の多くを占める中山間地域は，農業や林業の振興を目的とする農林水産省の所管であったことも理由となって，大きく注目されることは少なかった。しかし，農業振興の視点からの6次産業化，あるいは，地域産業や地場産業の視点からの農業ビジネスに対する期待が高まるにつれて，従来はさほど注目されることのなかった中山間地域の農業とその関連ビジネスに関心が高まっている。

例えば，地域産業・中小企業論を専門とする関満博（2012）は，東日本大震災における被災地復興過程の検証を通じて，大量生産，大量販売，大量消費，大量廃棄の20世紀型の経済発展モデルと，高齢化・人口減少，省資源，省エネを特徴とする1990年代中頃から中山間地域で広がり始めた農業ビジネスを対比させて，地域活性化に果たす後者の役割の大きさを指摘している。

また，農業関連ビジネスの成功事例の報告も増えている。しかしながら，これらの事例研究は，多様な個性を持つ地域の性格上，個別具体例の分析に留まることが多く，条件不利地域一般に普遍化することはできていない。条件不利地域の活性化の重要性を考慮すると，一定範囲で他の地域にも応用できるように，成功事例の外部環境やマネジメントについての一層深い分析が求められている。

## 2．研究目的と研究方法

新たな雇用を産み出すための産業は何か。条件不利地域にあって容易に解決案が見つかる訳ではない。そんな中，農業関連のスモールビジネスは，雇用に与える影響はわずかとはいえ，条件不利地域において考えられる数少ない新しい産業である。確かに大規模農家による米や麦，野菜などの農産物の生産販売を除くと，個々の農家が営む農業関連ビジネスの売上げは小さく，雇用吸収力も大きくはない。しかし，人口が少なく過疎化が進む一方で，住む家や土地を用意できる中山間地域にあっては，それでも魅力的な職場の1つである。

ただ，条件不利地域の地域活性化に有効な農業関連ビジネスに関して，他地域への移転可能な普遍的な知見を得るためには，考察対象とする農業関連ビジ

ネスの種類と定義を明確にしておく必要がある。ここでは，特産品の開発，農作物のブランド化，農産物直売所，農家民宿，有料農作業体験など，さまざまに考えられる農業関連のビジネスの中で，今後の発展が最も期待される農業の6次産業化の一形態としての農家レストランをとらえて，農家レストランが条件不利地域の活性化に果たす役割と課題を考えたい。

　研究方法としては，条件不利地域の農家レストランへのフィールドワークによって，当該地域が置かれた環境を把握するとともに，成功している農家レストランへの丹念なインタビューを通じて，創業のきっかけ，食材の調達方法，メニューの工夫，雇用状況等を明らかにする。

　条件不利地域の多様性を考慮すると，研究サイトである条件不利地域の特徴を明確にして地域を限定しておく必要がある。本研究では，条件不利地域の代表例として，炭鉱閉鎖後に行った観光開発の失敗による巨額債務によって財政破綻に至った北海道夕張市と，歴史的に経済や文化面で夕張市に関係が深い栗山町，由仁町，長沼町の夕張川流域の3町を加えた旧夕張郡4市町を選び，その中での農家レストランの展開を調査対象の中心に置く。

　財政破綻を引き起こした夕張市は，現在もなお雇用の場を求めて人口の流出が続いている。グローバル化，高齢化・人口減少，財政制約という厳しい環境

図表10－1　旧夕張郡4市町の概要

|  | 22国調人口<br>(対17国調) | 面　積 | 人口密度 | 指定団体等の指定状況 |
|---|---|---|---|---|
| 夕張市 | 10,922人<br>(△16.0%) | 763.20 km² | 14人 | 旧産炭・過疎・財政健全化等 |
| 栗山町 | 13,340人<br>(△7.1%) | 203.84 km² | 65人 | 旧産炭・過疎・指数表選定 |
| 由仁町 | 5,896人<br>(△9.0%) | 133.86 km² | 44人 | 過疎・指数表選定 |
| 長沼町 | 11,691人<br>(△5.7%) | 168.36 km² | 69人 | 過疎・指数表選定 |

出所：H23決算カード。

下，衰退から再生に向けての糸口を探す夕張市を中心とする地域への調査は，条件不利地域の地域活性化のあり方を考える上で示唆に富む結果を導くことを予測させる。

## 3．条件不利地域の意義と将来ビジョン

### 3.1 条件不利地域の意義

まず，地域活性化の前提となる地域の概念を整理しておこう。地理学から生まれた地域の概念は多様であって，学問分野ごとに，あるいは，分析目的によって異なるが，大きくは，地域を一定の区切られた土地あるいは空間などの物理的範囲を指して用いる場合（形式地域）と，特定事象の有無で分ける場合（実質地域）に二分される。

経済政策として採り上げる場合の地域は後者であるが，条件不利という用語が意味するものは，条件有利に対して相対的に低いレベルにあることを意味するだけであり，決まった概念内容を持つものではない。

国は，条件不利地域の定義を「自然的，地理的，社会的条件等により指定されるいわゆる条件不利地域には，豪雪地帯及び特別豪雪地帯，離島地域等，半島地域，振興山村並びに過疎地域等が存在する」（国土交通省「都市・地域レポート2008」）として，条件不利地域を一般的に指定するのではなく，個別法ごとに条件不利地域を定義して財政優遇等の措置を取っている。

一例に，条件不利地域対策の代表として，過疎地域を採り上げて考えてみよう。いわゆる過疎法の仕組みは，過疎地域に該当する市町村の区域の要件を定めて，当該地域への税制や財政の優遇措置を定めるものである。

昭和45年，最初の過疎法である「過疎地域対策緊急措置法」が10年の時限立法として議員立法で制定され，以来，4次にわたり延長されている。2010（平成22）年4月，現行の過疎地域自立促進特別措置法が6年の時限立法として施行され，2012（平成24）年6月に期限をさらに5年延長する改正が行われ，2020（平成32）年まで有効とされている。改正過疎法によって過疎地域に指定される市町村は797（2条1項市町村，本則適用）にのぼり，全国の市町村1,719

のうちの 46.4％が過疎地域に指定される（総務省「過疎関係市町村数の推移」）ことになり，全国における過疎地域の広がりを示している。

　小泉内閣の三位一体改革によって始まった地方財政の緊縮措置は，その後緩和されるが，2014（平成26）年度末の公債残高 780 兆円，国と地方合わせた長期債務残高 1,010 兆円（財務省 HP「日本の財政を考える」）と巨額に上る債務残高を考慮すれば，どこかの段階で再度，緊縮措置に踏み出さざるを得ず，過疎法に代表される条件不利地域に対する各種の優遇措置もいつまでも続くとは限らず，条件不利地域も，どこかで生命維持装置ともなった国の資金頼みから脱皮して，自ら活性化の道を探し出すことが求められている。

### 3.2　条件不利地域の将来ビジョン

　地域の実情を考慮すると，地域活性化の目的，方法，程度も一様ではない。したがって，十把一絡げに条件不利地域の活性化手法とは何かを問うという問題設定のあり方はいささか乱暴でもある。問題設定の基礎となる地域活性化が，経済的な活況を指して用いるのか，社会的なつながりに恵まれた状況を指して用いるのかなど，まず地域活性化の定義を明確にする必要がある。また，対象となる地域は多様性に富んでおり，地域活性化の方法もさまざまである。それに加えて，要求レベルにも違いがある。それらの違いにも留意しなければならない。

　しかしながら，条件不利地域に共通して明らかになっていることもある。国による護送船団方式による地方の経営が財政面でやがて行き詰まる可能性を考えると，人口減少社会を直視した上で，国の巨大な財源投入に頼らない方法で，人々がそれなりの豊かで質の高い生活をどうおくることができるかを真剣に考える必要がある。

　人口減少による市区町村の消滅可能性に言及した増田寛也（2014）は，農山村から流出した人口を県庁所在地などの都市部に集中する一方で，人口減少自体の受け入れを示唆する。行政効率や行政コストの点から，中心部に公共施設を集中して人の居住を促すコンパクトシティと同様の発想に基づくものといえよう。

人為的な居住地域の誘導策への批判論は今なお強いが，中小都市や中山間地域の人口維持のための具体的な方法が容易に見つかるものではない。また，物質的価値よりも精神的価値の充実を指摘して，田舎暮らしの利点を指摘する声もあるが，高齢者の田舎暮らしを支える年金をはじめとする社会保障費の削減が将来的に避けられないことを考慮すると，それだけでは力不足であることは否めない。

人口減少社会を受け止めた上で，人々がそれなりの豊かで質の高い生活をおくるためには，一定の経済活性化が求められることは否定できない事実であって，都市部にあっても条件不利地域にあっても事情は同じである。

## 4．農家レストランと地域活性化

### 4.1　農家レストランの定義

農家レストランの定義は多様で確定していない。一般に使用される農家レストランの概念は必ずしも決まったものではなく，名称も農家レストランだけでなく，農場レストラン，農村レストランの名も使われている。

農林水産省の諸統計に用いられる農業センサスにおける農家レストランの定義にしたがえば，「農業を営む者が，食品衛生法（昭和22年法律第233号）に基づき都道府県知事の許可を得て，不特定の者に自ら生産した農産物や地域の食材をその使用割合の多寡にかかわらず用いた料理を提供し料金を得ている事業」とし，事業主体を，農業を営む者に限定するが，自家生産の食材や地元食材を使用すればその使用比率に決まりはなく，立地場所にも制限はない。

また，財団法人都市農村漁村交流活性化機構が編集した『きらめく農家レストラン』によれば「農家自ら又は農家と密接な連携の下で，その農家が生産した食材又は地域の食材を使って調理・提供している，当該地域に立地するレストラン」とし，食材については同様の制限があるものの，事業主体は農家に限定せず，立地場所は限定している。

これらは農業者サイドからの定義であるが，生産者へのバイアスがない消費者サイドから見る目で，農家レストランを再定義してみたい。

消費者は，農家レストランに，都心で産地直送・自然食を謳い文句とする大手資本によって提供されるレストランや，郊外で一般に見られるありきたりの料理を提供するレストランとの違いを求めている。具体的には，生産者の顔が見える安全で新鮮な食材の利用と都心の喧噪を離れてのどかな農村風景の中でゆっくりとした時間の提供を欲している。そのためには，農家直営で（事業者要件），自家生産ないし契約食材を使った料理を提供し（食材要件），のどかな農村風景に立地する（立地要件），木の香りのする農家らしい佇まいを持つ（建物要件），レストランであることが必要になる。

もっとも，実際の農家レストランは，さまざまな事情でこれらの4要件すべてを満たすことは少ない。経営主体は農家に限らず，一般の農家以外にも農協・第三セクター・企業などさまざまであって，まったく農業と関係のない事業者も多い。食材の調達先は，自家農園や契約農家，市場調達など多様である。立地場所は，農業を営んでいても都市化の影響で周囲に民家が立て込んでいる地域も多く，また，都市部に出店している農家レストランもある。レストランの建物も，農家らしさを感じることのないコンクリート造りの建造物にテナントの1つとして入っているケースも多い。ただ，ここで挙げた4要件は，農家レストランとは何かを考える場合の良い目安となるであろう。

## 4.2 農家レストランを取り巻く生活スタイルや消費文化の変化

これまで，家族にとって外食はハレの場であって，特別な時でないと外食はしないという生活スタイルが中心であった。余暇を楽しむという概念は発達しておらず，マスツーリズムによる大量消費型観光が中心であって，わざわざ無名の農村地域のレストランに行って，料理や食事を楽しむという文化は育っていなかった。

しかし，そんな生活スタイルや消費文化も徐々に変化している。洋風の食習慣が高まるとともに，弁当も家で作らなくてもコンビニで安価に手に入るようになった。外食への抵抗感が少なくなり，少人数でお茶や食事をし，おしゃべりをしながら時間の経過を楽しむという文化が定着し始めた。

また，その消費文化の主役は，これまでの男性を中心とするものに替わって，

電化製品の普及で家事労働から解放され，生活を楽しむことを覚えた30代〜40代の女性に移ってきている。都心で流行商品のショッピングをしたり，食事やお茶をすることも好きではあるが，ときには都会の喧噪を離れて，ゆっくりとした時間を過ごしたいという30代〜40代の女性の消費トレンドに，農家レストランはピッタリと合致する。

農家レストランを供給する側の変化もある。農家の世代交代が進んで，先が見通しにくい農業をただ続けるだけでなく，何か新しいことをやってみよう，チャレンジしてみようという若い世代が増えてきた。

さらに，余暇対策や農村振興を目的として，ヨーロッパの農村地域に見られるグリーンツーリズムを日本に導入しようという政策や，農家の所得向上のための農業の6次産業化の一手段として，農家レストランを推進しようとする政策の後押しもあって，農家レストランの形態は各地で徐々に広がりつつある。

## 5．夕張周辺の農家レストラン

### 5.1　北海道の農家レストラン

農業や牧畜などの一次産業と観光業が主要な産業である北海道では，地域経済の中心となる農家の収入を増やすための政策が，他の地域に先んじて進められてきた。

農家レストランもその1つで，北海道には，農家レストランがブームとなる前から，自家農園で採れた米や食材を使った釜飯やスープカレー・シチューで人気のMama's Kitchen（滝川市江部乙町西），自家製チーズを使ったパスタとピザ料理の「リヴィスタ」（砂川市一の沢），田舎料理のバイキングと宿泊者用のログハウスが有名な十勝の「大草原の小さな家」（川東郡鹿追町），びえい和牛の「千代田」（上川郡美瑛町春日台）など，有名な農家レストランが存在している。

夕張市周辺にも，地元の新鮮な食材を使った人気のファームレストランが見られる。ただ，旧炭坑都市であって他の3町に比較すると標高が高く，山岳に挟まれた狭隘な谷間を走る川沿いに農地が伸びていく夕張市には代表的な農家

レストランは見られない。

　広大な農地内にポツンと1つ佇むログハウス造りの建物を持つ夕張フォレストユースホステル（夕張市沼ノ沢554）は，オーナーは農業兼業で，自家農園の食材を用いた料理を提供しており，ここで扱う農家レストランに一番近いが，宿泊を主たる目的としている関係から，考察対象から除外する。

　そうした中で，旧夕張郡4市町内の代表的な農家レストランとして，由仁町のキッチンファームヤード（大塚ファーム），農家レストランの激戦区である長沼町にあるファームレストランハーベスト（仲野農園），リストランテ・クレス，里日和，そして，関連して鹿追町にある大草原の小さな家を採り上げて，その特徴を比較分析してみよう。調査年月は，2011年11月，2012年9月，2014年2月である。

## 5.2　旧夕張郡4市町内の代表的な農家レストラン
（1）キッチンファームヤード（大塚ファーム）

　地元で100年続く伝統ある農場の4代目の現オーナーが，1997年に（有）ファーム大塚を設立し，1999年6月に農場敷地内にキッチンファームヤードをオープンした。農業が盛んな由仁町に立地しており，オープン時期は仲野農園が経営するハーベストの方が早い。

　オーナーは，アパレル関係の仕事に就いた後，農家の後継ぎが嫌でアメリカに渡った。アメリカ南部の旅行と滞在で得た「農場の片隅で何かやっている」，「農場をやりながら自然にやっている」という体験をヒントにして，農場に併設する農家レストランを始めた。観光地でもなく何もない田園風景に佇むログハウス風の建物の中で食事を提供するという点では，最も農家レストランらしい農家レストランかもしれない。

　食材の調達にはこだわりがある。「当然，仕入れた方が絶対儲かる。自分のところで野菜を作れば，メーカーとなってロスの塊だ。そのコストをお客さんに転嫁しないでやることは自分しかできないことだと思ってやっている」と言われる。それでも自家農園からの「食材調達は全体の80％がやっと」ということである。

料理にも強いこだわりがある。「農家でも農家じゃなくても，料理人でも三ツ星レストランのシェフでも全然関係ない。お客さんがお金を払うんだもの，最高の技術でもてなさなかったら，失礼ですよね」と香辛料に凝った独自のスープスパイス（スープカレー）を提供される。

　お客に家族連れは少なく，女性同士が多い。顧客の80％が女性で，30代から40代，そして50代である。従業員は「家族とパートを入れて，平日で10人，土日で15人ほどがレストランの用務に携わる」という。食材と料理の双方にこだわりが強い個性派の農家レストランである。

（2）ファームレストランハーベスト（仲野農園）

　ハーベストは，4代にわたって北海道でリンゴを作り続けてきた仲野農園が経営している。3代目の時に，観光農園に不向きの深川市の納内から，札幌に近い長沼町に土地を購入して移ってきた歴史を持つ。農業に興味が抱けないまま「車を買ってやる」という父親の言葉で後を継いだオーナーが，趣味の延長で作ったログハウスの活用を考えて，1995年に手探り状態でハーベストを開業した。「当初のプランでは喫茶店だったから小さなものだったが，建てている最中に鹿追町にある大草原の小さな家を見に行って，大きな規模で一歩進んだレストランをやっていることに影響され，急遽設計変更した」と言う。

　ただ以前から，観光客用に果樹園を経営している父が羨ましく思えて，「なんかもっと消費者とつながった農業をやれたらいいなとぼんやり思っていた」と言われる。農地レストランという言葉もなかった時代に，「観光地じゃないから，観光客はまったく来ない，町自体もそんなに有名じゃない」ところの農業の現場で始めた農家レストランとしては「一番最初」とされ，先駆者の自負を語られる。「広大な畑の中のログハウスみたいな洋風の建物の中で，洋食なりを食べるのが北海道らしい」として名前を決めたと語る。「今展開している農家レストランは，そこに行くこと自体が目的というふうに替わった」と消費者のトレンド変化をつかまれている。

　現在では数や種類も増えた農家レストランであるが，「うちで作るリンゴやジャガイモなどの農産品が，あるいは，友達が作るお米や農産品がきちっと高

く売れて消費できる場所を確保するためにやっている」として，あくまで農業に基軸を置いてレストランを位置づけるとともに，レストランの食材の仕入れを通じて，地元の農家や新しく農業を始める人を支援されている。最近では出荷には適さないリンゴを使用したジュースの販売にも力が入っている。

（3）リストランテ・クレス

　オーナーは大手スーパーの役員経験がある。札幌で調理師である長男がレストランを出しており，「レストランに原材料を供給するのと，自分の健康のために」会社をリタイヤ後，札幌に近い長沼町に農地を購入した。地産地消がブームになってきて「ここにも店をつくろうか」ということで，当該地で農家レストランを始めた。オーナーは仲野農園オーナーの父親の同級生にあたる。ただ，冬期営業が難しいこともあって，人気店になるまでには数々の試行錯誤があった。

　「初めの5年間はビュッフェ形式ではなくセットメニューでやってきた」，「野菜とかハーブをテーマにしているのに，セットメニューじゃ野菜の提供もそんなにできない」として野菜を中心にしたビュッフェに替え，セルフサービスを導入した。その結果，野菜ビュッフェを取り入れたイタリアンのセットメニューが30代〜40代の女性に支持され，人気店となった。「自分たちの持っている地産地消と顧客の中心である30代，40代の女性が求めているもの—より安全であるとか，より信頼度が高いとか，より価値があるとか—がマッチした」と成功の要因を語られる。

　食材仕入れにも苦労があったようだ。スーパー勤務経験があるためか流通にも詳しい。「単品を大規模に作ると生産コストが大分下がる。その替わり1回で収穫して1回で出しちゃう。こういう農家と組むのは非常に難しい。地産地消とか言っても，現在の流通システムはそういうふうにはできていない」と語られる。当初は八百屋から少しずつ仕入れていたが，現在は，地元の契約農家1軒から「8割ぐらい」，その他に数軒の農家からの仕入れ，あとは「農家から直接仕入れている野菜卸で穴埋めしている」と言われる。

　農家レストラン同士が競合するようになった今，「ここから札幌までの道に，大きなトンネルもなければ峠もないし，通りづらい橋も狭い橋もない。だから

女性が運転してくるには非常に来やすい。道路も何本もある。どこかで渋滞したから時間がかかるという心配もない」と立地の優位性を指摘される。

## （4）里日和

　札幌で旅行会社のサラリーマンをしていたオーナーが脱サラをして，開店したレストランである。オーナーは農家でもなく，農場も持たない。厳密な意味では農家レストランではないが，広々とした田園風景の中にポツンと1つログハウスが佇むという農家レストランらしい立地と建物を備えている。店舗内は，オシャレで上質の雰囲気を持つように工夫されている。

　場所を決めるときに長沼町がいいとして，知り合いの農協出身のOBを通じて土地を入手した。農家の倉庫を取り壊して，更地からレストランを建てた。倉庫が立っていた当時の面影を残して，「シックな感じで周りの景色に溶け込むような感じのイメージで作った」，「あちこち添乗して，いろいろなことを見聞きしたり，食べたりしたことが今役立っている」と言われる。

　食材の仕入れは，米は長沼産にこだわりすぐ近くの農家から，卵は隣の栗山町から直接仕入れる。野菜は種類が多いので，江別の野菜卸から仕入れている。最初はコース料理，セット料理，単品も用意したが，「野菜の盛り合わせを伝えよう」と現在のスタイルにして3，4年になる。

　「野菜は彩りもきれいで，ヘルシーで胃にももたれないので，野菜料理中心で，見た目にきれいでおいしい料理を召しあがっていただきたい」と店のコンセプトは明確である。また，「長沼町は有数の米どころ，野菜どころでもあり，田園風景が美しいのはもちろんであるが，札幌市内や新千歳空港からだいたい30分，新札幌あたりで30分，都市から1時間くらいとドライブがてらくるのにちょうどよい距離」とマーケティング調査も怠られていない。それでも，雪が降ると滑るのが怖いことから来店されるお客の人数が減るので，「冬場の経営は厳しい」と語られる。

## （5）大草原の小さな家

　ハーベストのオーナーが影響を受けた鹿追町の農家レストラン「大草原の小

さな家」は，どのようなコンセプトで経営されているのか。「大草原の小さな家」は，北に大雪山系と西に日高山脈を抱く十勝平野の北西部に位置し，競走馬用の牧場地帯が広がる北海道河東郡鹿追町に立地している。

　2011（平成23）年10月，道東自動車道の夕張IC―占冠IC間がつながって，札幌・千歳と道東が結ばれた（2014（平成26）年6月現在，千歳から本別JCTを経て浦幌IC，足寄ICまで供用済み）ために，札幌・千歳から道東自動車道に乗って十勝清水ICを降り，20分ほど日勝国道（国道274号線）を北上して，牧場が点在する地域に入り，国道の左手に立地するログハウス造りの建物群が「大草原の小さな家」である。

　それでも札幌・千歳から3時間かかり，交通の利便性は良くなく，気分転換を兼ねてチョット食事に出かけるという距離ではない。宿泊者用のログハウスが3棟建設されており，動物を見たり，乗馬体験をしながら牧場内で時間を過ごすなど，滞在型レジャーに適応している。また，国道274号線をそのまま北上し，見事な逆擂鉢の山型を持つ西ヌプカウシヌプリと東ヌプカウシヌプリの間の峠を越えると，道東有数の観光ポイントである然別湖があって，水上レジャーで遊ぶための基地として利用することも可能である。

　そんなロケーションにある関係から，「今から24，25年前，牧場内に建てたログハウスを物販レストラン，ドライブインとしてスタートした」とされ，道路に面した立地や施設配置等にその当時の面影を見ることができる。レストラン開業にあっては，地域で開かれていた勉強会も参考になったという。レストラン内は広くて明るく，地元産の新鮮な食材をふんだんに食べることができる田舎料理バイキングがおすすめメニューとなっている。

　提供される料理の内容も充実しており，メインの料理以外にフルーツやスイーツの種類も多い。受け入れる客層へのこだわりはなく，女性客以外にも，カップル，ファミリー，グループなど幅広い範囲をターゲットにしている。

　周辺には牧場が多く，農家レストラン用地には事欠かず，近くには牧場併設のレストランも多いが，「それぞれの店舗に個性があって，今のところ棲み分けができている」とされ，現在のところは「競合関係にない」と言われている。

図表10−2　夕張周辺の代表的農家レストランの比較

| | キッチンファームヤード（大塚ファーム） | ファームレストランハーベスト（仲野農園） | リストランテ・クレス | 里日和 | （参考）大草原の小さな家 |
|---|---|---|---|---|---|
| 所在地 | 北海道夕張郡由仁町西三川913 | 北海道夕張郡長沼町4線北13 | 夕張郡長沼町東3線北10 | 夕張郡長沼町東7線南3 | 河東郡鹿追町笹川北7-11-3 |
| 開業年 | 1999年 | 1995年 | 2000年 | 2005年 | 1989年 |
| 創業者経歴 | 農場主 | 農場主 | 大手食品スーパー元副社長 | サラリーマン（脱サラ） | 牧場主 |
| 農場併設の有無 | 農場あり，果樹・野菜栽培を行う | 農場あり，リンゴ果樹園が中心 | 農場なし，敷地内でハーブ栽培 | 農場なし | 牧場併設，野菜栽培用の農場あり |
| 建物形式 | 木造，一部ログハウス造り | ログハウス | 木造，一部ログハウス造り | ログハウス | ログハウス |
| 食材調達 | ほとんどの食材が自社農場（80%） | リンゴ・芋等は自社農場，他は購入 | 契約農家と野菜卸から購入 | 野菜卸から購入，米・卵は直接仕入 | 自社農場と野菜卸 |
| メニュー形式 | セットメニュー | セットメニュー | セットメニュー（野菜ビュッフェ） | セットメニュー | ビュッフェ |
| 看板料理 | 香辛料に凝った野菜スープカレー | ボリュームたっぷりのポテトセット | 野菜やスイーツのバイキング | 季節の野菜プレート | 豊富な食材の田舎料理バイキング |
| ターゲットとする客層 | 女性同士 | 平日は女性中心，土日は夫婦，家族 | 30代〜40代の女性，子供連れ | 平日は女性中心，土日は夫婦，家族 | 夫婦，家族，グループ |
| 雇用規模（家族・アルバイト含む） | 平日で10人，土日で15人 | 15人〜20人 | 平日で10人，土日で20人 | 平日5人，土日で7，8人 | 10人〜15人 |
| 創業動機 | アメリカ南部の旅行と生活体験 | ログハウス造り，先進店舗の視察 | 札幌での店舗経営，農地取得 | 当初から農家レストラン開業目的 | ドライブインから発展，勉強会 |
| 行政支援 | なし | なし | 初年度人件費補助600万円 | なし | なし |
| 特色 | 他店がマネできない自社農場産の食材を利用した手の込んだスープ料理 | 周辺の農家レストランの先駆け，果樹園・観光農園からレストランへ | 30代〜40代女性に的を絞った野菜中心のイタリアンが女性客に人気 | 見晴らしの良い田園地帯に立地。オシャレな外装と内装で雰囲気を演出 | 宿泊施設併設，乗馬体験など多目的レジャーに利用，観光コースに立地 |
| 新たな事業展開 | スイーツ製造販売，アメリカ南部の雰囲気を持つカフェコーナー | レストランスペースを増設，ジュース販売に注力，農場の規模拡大 | レストランスペースを増設，農産物直売場を設置 | なし | 本格的なスイーツの製造販売を隣接店舗で実施 |

（注）行政が関与するレストラン併設型の大規模施設として，由仁町に「ゆにガーデン」，長沼町に「マオイの丘公園」が存在。

出所：筆者調査，調査年月：2011年11月，2012年9月，2014年2月。

## 6．発見事実

　消費者サイドから見た農家レストランの 4 要件である農家直営（事業者要件），自家生産ないし契約栽培による地元食材の利用（食材要件），のどかな農村風景に立地（立地要件），農家らしい佇まい（建物要件）のすべての要件を満たしていたのが，キッチンファームヤード（大塚ファーム）とハーベスト（仲野農園）の 2 つであった。リストランテ・クレスは食材要件，立地要件，建物要件の 3 要件，里日和は立地要件と建物要件の 2 要件を満たしている。ただ，里日和も地元食材の使用という点では広義の食材要件は満たしていた。

　その結果，それぞれの店舗によってそのレベルに違いは認められるものの，4 店舗ともに，農家レストランの激戦区で知られる長沼町，そして，長沼町に隣接し広大な農場が広がる由仁町にあって代表的なレストランとして評価されているだけあって，地元食材の提供（食材要件），田園地帯への立地（立地要件），ログハウス風の建物（建物要件）の 3 要件を基本的に満たしていることが確認できた。

　これに対して，農業を中心に置くかレストラン経営を中心に置くか，本格料理か田園料理か，そして，客層も 30 代〜40 代の女性を最重要のターゲットとする点は変わらないものの，夫婦や家族を加えるか否かによって各店舗間に違いがみられた。

　次に，長沼町の農家レストランの先駆けであるハーベストが開業にあたって影響を受けた鹿追町の大草原の小さな家と旧夕張郡 4 町の農家レストランとの比較によると，都心からの車での移動距離がほぼ 1 時間以内に収まるか否かという時間距離の違いが，店舗のコンセプトに大きな違いを生んでいた。

　基本となる農家レストランの 4 要件の必要性は変わらないものの，観光ルートに位置するか否か，多目的レジャーの一環か否か，宿泊施設やアクティビティの有無，女性客中心か家族やグループも対象にするかなどの違いが，店舗の位置づけをまったく変えることにつながっていた。つまり，農家レストランという名称や地元食材を提供するレストランという外形は同じであっても，両者

の大都市圏からの時間距離の違いによって，まったく別種のレストランとしての性格を持っていることが明らかになった。

一方，地域活性化との関係から見れば，旧夕張郡4町のレストランと鹿追町のレストラン共に条件不利地域にあって，各店舗が10名から20名程度の雇用を地元に生み出していること，また，食材の購入等によって地域内の経済循環に貢献できていることを確認することができた。

## 7．結論と展望

### 7.1　結　論

条件不利地域の活性化に農家レストランが果たす役割を明らかにするために，全国に2,000以上存在し，現在その数をさらに増加させているといわれる農家レストランの中で，北海道夕張市とその周辺地区を条件不利地域の代表としてとらえ，札幌・千歳を中心とする大都市圏からほぼ1時間の時間距離にある旧夕張郡4町の代表的農家レストランとそれに関連して立地条件の異なる鹿追町のレストランを調査対象に選び，数度にわたる現地での調査とインタビューによってそれらの成功要因と特徴を比較分析した。

旧夕張郡4町の代表的農家レストランは，「都市近郊にあって広大な田園風景の中でゆっくりと食事をする時間を楽しむレストラン」という共通したイメージを共有しており，いずれもポスト大量生産，大量販売，大量消費，大量廃棄の時代トレンドに沿ったものであるとともに，消費者サイドが考える農家レストランの基本的な要件の多くも充足していた。

ただ，どの店舗ともに経営方針を異にしており，それぞれの店舗に個性があって力点の置き方が異なっており，それがまた，競争力の源泉となっていた。そこにこそ，農家レストラン経営の面白さとともに難しさ，生き残りの難しさが象徴されている。

地域の活性化にも多大な貢献が見られた。農家レストランは，札幌・千歳からの食事客誘致という新たな需要を呼び起こすとともに，地域の雇用を新たに作りだし，食材調達によって地域内の経済循環をもたらしていた。立地条件の

異なる鹿追町の農家レストランとの比較では，両者は場所の違いから，店舗のコンセプトがまったく違ったものになっていた。その一方で，地元食材の活用や地元への雇用寄与は共通し，規模は大きくないものの，地域経済に一定の貢献を果たしていることは共通していた。

## 7.2　展　望

　グローバル化の大きな流れにあって，資本は，効率重視の視点から，工場や拠点を簡単に移転する。これに対して，人間は家庭を形成し，家族の移動に係る距離的な制約の下，一定の限られた地域内で就業・就学し，生活を営まざるを得ない。諸々の事情によって過疎・人口減少地域に居を構えざるを得ない者にあって，生活の基本となる雇用の確保は最重要の課題である。

　グローバル化，高齢化・人口減少，財政制約という3重苦にあって，条件不利地域がマクロレベル（全域）では過疎衰退の構造から逃れられることは難しい。それでもミクロレベル（一部）では，小規模ではあるが何らかの動きを作りだして地域を活性化することはできる。

　確かに農家レストランは雇用人数や売上高はそう大きくはないが，急峻な山岳が多く平野が少ない日本の国土の特性から，国土全体に占める中山間地域の割合は高く，こうした条件不利地域において，経済活性化のための仕組みを創り出す意義は極めて高い。利用可能資源が限られる条件不利地域にあって，農家レストランは実行可能な経済活性化の有力な一手段である。

　条件不利地域の多くは，都心から離れているが故に豊かな自然が残されている。加えて，地域内で生産される農畜産物は地産地消の実現によって新鮮な食材を低コストで提供できる。さらに忘れてならないのが，農家レストランの妙味は，農地の取得ができれば比較的容易に事業が始められるところにある。特殊な資格・技術を要せず，会社組織にしなくても家族経営で十分にやっていける手軽さがある。

　比較的小さな資本投資によって，経営の工夫次第で外からの需要を呼び込み，地域内の経済循環を生み出せる点で農家レストランは優れており，産業振興が難しい条件不利地域の経済活性化の手段として今後とも大きな期待が寄せられ

る。ただその一方で，成功している農家レストランの経営方針が各店舗で異なっていることは，農家レストランといえどもが企業経営の一面を持っており，ありきたりの画一的な経営では成り立たないことが示されている。

#### 参考文献

鎌形太郎「地域再生に新たな動き」日本経済新聞 2012 年 6 月 17 日，2012 年 a。
鎌形太郎編『新しいローカリズム』三菱総合研究所，2012 年 b。
関　満博『地域を豊かにする働き方』ちくまプリマー新書，2012 年。
関　満博・松永桂子編著『農商工連携に地域ブランド戦略』新評論，2009 年。
高桑　隆『幸せレストラン　農家レストラン―農家レストランの開業と経営手法―』同友館，2010 年。
（財）都市農村漁村交流活性化機構『きらめく農家レストラン』（財）都市農村漁村交流活性化機構，2007 年。
橋本行史「地域を活性化する方法」『現代社会論―当面する課題』世界思想社，2006 年。
橋本行史「地域活性化概念と条件不利地域の活性化―北海道空知・夕張周辺地区の活性化―」関西実践経営第 43 号，pp. 17-28，2012 年。
橋本行史「地域活性化概念の考察」『地域主権時代の諸問題』関西大学法学研究所研究叢書第 48 冊，pp. 119-160，2013 年。
橋本行史「空知南部の代表的農家レストランの経営―グローバル化，高齢人口減少，財政制約下の地域活性化北海道空知・夕張周辺地区の活性化―」関西実践経営第 46 号，pp. 81-103，2013 年。
増田寛也＋日本創成会議・人口減少問題検討分科会「緊急特集　消滅する市町村 523―壊死する地方都市」『中央公論』2014 年 6 月号，2014 年。
経済産業省北海道経済産業局「農業生産法人経営人材育成ガイドブック『新分野に挑む挑戦の経営』」「ヒアリング調査対象企業詳細レポート」(http://www.hkd.meti.go.jp/hokij/nsh_guide/report.pdf)。
ファームレストランハーベスト（仲野農園）HP (http://n-harvest.net)。
キッチンファームヤード（大塚ファーム）HP (http://www 1.odn.ne.jp/~cah17060/)。
リストランテ・クレス（長沼店）HP (http://www.restaurant-cress.com)。
里日和 HP (http://satobiyori.jp)。

大草原のなかの小さな家 HP（http://daisougen.jp）。
　（注：アクセスはいずれも 2014 年 6 月 6 日）

# 第11章 地域活性化に向けた有馬温泉の取り組み

## 1．地域のマスタープラン

　有馬温泉のまちづくり基本計画（A4冊子）を，2013年5月，神戸市長に提出した．15年先に有馬温泉がこうなったらいいだろうということを，1年間かけて有馬温泉の若手がたたき台をつくって，それに年配者が加わって2年間かけてまとめあげた．色々な意見を取り入れた結果，角が取れて多少曖昧な表現になった部分もあるが，今後の指針ができたことによって，これからの有馬温泉のまちづくりが進んでいく．

　1987年に30年先を考える最初のマスタープランを作ったので，今回のマスタープラン作りは2回目である．30年の半分の15年が過ぎるぐらいで少し見直そうと思っていた．阪神淡路大震災が起こってその復興を急ぎ過ぎたために，まちづくりが多少ずれてしまった部分がある．地震がなかったならば，また違ったかたちの有馬温泉になっていただろう．

　お年寄りは理屈でわかっていても，どうしても環境が変わるのを嫌がる．マスタープランをまとめる時も，今すぐするという訳ではない，15年先のことですよといって何とか完成させた．出来上がったマスタープランの内容を一部引用しつつ，有馬温泉の活性化への取り組みを紹介する．

## 2．15年後の有馬温泉のアイデンティティー

### 2.1　有馬温泉の自然条件と泉質

　15年先を考えたときに有馬温泉に何が残るかといえば，基本となるのはや

っぱり温泉である。有馬温泉には銀泉と呼ばれる透明なお湯と，金泉と呼ばれる赤茶色のお湯があるが，金泉は体が暖まるとして特に人気が高い。また，環境庁が療養泉として定める9の成分のうち，7の成分を含む世界でも貴重な温泉である。

有馬温泉の湯は非常に特殊で，温泉学者によると「湧くはずのないところに湧くはずのない温泉が湧いている」と表現される。

そもそも温泉とはどんなものか。日本の場合は25度以上のお湯が沸き出し，19の物質のうち1つ以上入っていたら温泉とされる。例えば，炭酸ガスが入った天然水が湧き出てくると炭酸泉で，25度以上であれば温泉，温度が足りないと冷泉になる。

世界的には，その国の平均気温よりも高い地下水が出てきたら温泉とされ，実際，アメリカは21.1度，ドイツは20度とされ，日本に比べると低い。日本の平均気温は25度もないが，温泉の定義を定める法律を制定した1948年当時，台湾がまだ日本の領土だったので，台南の一番南の端の平均気温である25度に定められたという経緯を持つ。

日本にはたくさんの火山があるが，火山があるところには温泉もある。国内には約3,000カ所の温泉が存在する。ところが近畿地方に火山が存在しないにもかかわらず，有馬温泉からはお湯が沸き出している。源泉の配湯槽と御所泉源からは，地下165mから98度という非常に高温のお湯が湧き，海水の1.5倍から2倍の塩分濃度と，マントル（地殻の下に続く岩石の層）由来のヘリウム3が含まれている。

これはどんな意味を持つのか。火山には，ホットスポットと呼ばれるハワイ型の火山，海洋プレートが両側に引っ張られて生じた割れ目にマントルが上昇して生まれる海嶺（かいれい）と呼ばれる海底火山，そして日本で見られるような島弧（とうこ）と呼ばれる火山の3種類がある。島弧では，海洋プレートが大陸プレートの下に沈み込んで，100km，250km，300kmのそれぞれの深さで，海洋プレートから溶け出した成分が上部マントルを溶かしてマグマとなって上昇し，マグマだまりから地上に噴出して火山となる。火山性温泉では，地表から流れ込んだ地下水がマグマによって熱せられて湧き出すので，高温の

湯が出ることは珍しくない。

　近畿地方には火山がない。しかし，非火山性温泉では，地表から染み込んだ水や，大昔に海水が地下に閉じ込められたものが，高温の岩石や地熱によって暖められて湧き出るので，大体が50度以下である。これに対して，有馬温泉の湯は97度と高温である。どのような熱源で暖められているのか。

　お湯の温度が97度と高温であることと，マントル由来のヘリウム3を含んでいることから，地下60 kmの深さから，有馬高槻構造線の亀裂を通って湧き出ていると考えられている。もっとも，地下60 kmには水は存在せず，海洋プレートが沈み込むときに海水を取り込んで岩石化したものが，地下60 kmの600度の高温で熱せられて液体化して湧き上がったものと考えられる。海洋プレートが有馬温泉のすぐ地下まで入り込むまでに約600万年かかるとされ，有馬温泉で湧き出すお湯は600万年よりも古い。

　これが「湧くはずのないところに湧くはずのない温泉が湧いている」と言われるゆえんである。2013年12月1日（水）の夕方，テレビ朝日系で放映された『奇跡の地球物語』という科学番組でその内容が詳しく紹介されている。

## 2.2　有馬温泉と六甲山

　首都圏の人で有馬温泉の名前を知っている人でも，有馬温泉が兵庫県のどこにあるか知らない人が多い。有馬温泉は，神戸の市街地背後に東西に広がる六甲山の北の麓に湧き出ている古い歴史を持った温泉地であるが，有馬温泉と神戸市がなかなか結びつかない。

　神戸市は港が有名であって，阪神間に本店がある産業ってどんな産業があるかを質問すると，港に関係する造船，機械，ゴム，ファッション，洋菓子とか，いろいろと挙がるが，神戸を代表する「灘の酒」にしても，ペットボトルに入った「六甲のおいしい水」も，実は六甲山を市街地の背後に抱く神戸の地形と深い関係がある。また，アシックスやミズノ，モンベルなどスポーツメーカー13社が阪神間に本社機能を持っているが，これも近代登山の発祥の地が六甲山であることに強い影響を受けている。

　日本列島は東と西からの圧力によって押されているので，若狭湾，大阪湾，

伊勢湾を結ぶ三角形の軟らかい地層は近畿三角地帯と呼ばれ，鈴鹿山脈や生駒山脈が隆起し，淡路島が盛り上がっている。神戸の市街地のすぐ背後に位置する六甲山も，そうして隆起した山の1つである。神戸市のように海辺からわずか30分で1,000 m級の山に登れるところは，世界の大都市の中で数都市しか存在しない。

### 2.3　有馬温泉の歴史

　有馬温泉には，地震がほぼ400年サイクルで起きている。2000年の5年前，1995年には阪神淡路大震災が起き，2000年から400年引いた1600年に起きた関ヶ原の合戦の4年前の1596年には慶長伏見の大震災があり，1600年から400年引いた1200年の15年前の1185年に平家が壇ノ浦の戦いで滅んでいるが，その3カ月後に大地震が起こったことが『方丈記』の中に出ている。1200年から400年引いた800年にもこの地方に群発地震が発生したからか，有馬温泉の歴史に登場する人物が少ない。701年には丹波篠山に大地震が起こっており，有馬温泉も壊滅的な被害にあった。

　大震災に見舞われるごとに，有馬温泉は復興していく。724年には，地震で大きな被害を負った有馬地方を行基上人が訪れ，土中に埋もれた有馬温泉を復興している。その後，350年間は有馬温泉は栄えたとされる。1024年に藤原道長，1042年に藤原頼通が有馬を訪れている。また，1128年に白河法皇，1176年に後白河法皇と建春門院が有馬温泉に来ている。

　1185年に発生した大地震の後の1191年には，奈良の修験僧仁西上人がやってきて，有馬温泉を復興している。1596年の慶長伏見の大震災では，豊臣秀吉が壊滅的被害を受けた有馬温泉を復興させた。1995年に起こった阪神淡路大震災でも有馬温泉は大きな被害を受けたが，今では完全に復興を遂げている。

### 2.4　800年の歴史がある「御所坊」

　有馬温泉の玄関口に位置する「御所坊」はいつ創業されたのか。明治の最初の会社名鑑に現在の「御所坊」オーナーの曽祖父の名と兵衛向陽閣の先々代の名があり，「御所坊」の創業は1191年と書いてあるので，どこまでが真実であ

るかわからないけれども，仁西上人が有馬に来た 1191 年を「御所坊」創業の年としている。以来 800 年の歴史があるということになる。

　歴史の文献上は，『明月記』に「御所坊」の前身である「湯口東西屋」の記述が見られる。もともとは仁西上人などによって，泉源というか，お湯の湧いているところが管理された。昔は内湯がなく，湯口は 1 つだけで，北向きを一の湯，南向きを二の湯と呼んでいたが，東西方向の湯口を管理している「湯口東西屋」というのが御所坊の前身である。1300 年頃に足利義満が来た頃に「御所」という名が付き，1483 年に顕如上人が有馬温泉に来て「御所坊」に宿泊した記録が残されているので，その時にはすでに「御所坊」という名前が定着していたと考えられる。

## 3．温泉を巡る環境変化

### 3.1　宿泊形態の変化

　1964 年の東京オリンピック，1970 年の大阪万博，そして 1981 年の神戸ポートアイランド博覧会を経て，有馬温泉の旅館は規模の利益を求めて大型化していく。旅館業は，大体自分のところの建物の中にお客さんを閉じ込める方が儲かる。業界用語で「抱え込み」というが，旅館内で土産物を買ってもらい，夜はカラオケを使ってもらい，ラーメンコーナーを使ってもらったら一番儲かる。そうなると宿泊客が町に繰り出してもすぐ宿に帰ってしまうので，お店はつい早く閉めてしまい，次第に温泉街の衰退を招いていった。

　阪神淡路大震災では，旅行代理店からの送客がなくなって，大型旅館が経営に苦しんだが，震災後は，団体客から個人客に客層が移動して，旅行代理店に依存していた大型旅館の経営が全国的に厳しくなった。大型旅館の経営が難しくなってくると，リゾート会社が大型旅館を購入して，7,800 円とか 6,800 円で手軽に宿泊できるようにして営業を再開する。一見，地域が活性化したように見えるが，旅館の担当者はオーナーでなく，その地域内で育った人でもないので，まちづくりのような長期的な取り組みへの協力は得られない。

　今また，規模が大きい方が海外のお客さんを取りやすく，集客用にインター

ネットにお金をかけることができるので、大型旅館が元気になっている。大型旅館が利益を上げるのに一番いい方法は、大阪の中央市場から食材を買うことである。それ以上にお客さんが入れば地元業者から買うが、お客が入らなければ買わない。大型旅館に商品を卸していた地元業者は、モノが売れず、商店街にも空き店舗が目立つようになる。

インターネットで宿泊先を決めることも増えてきた。それは悪いことではないが、インターネットで表現できる内容は限られることに加え、素人が好きなように感想を書き、口コミで内容が広がっていく。この店のお肉は軟らかくておいしかった、ここのお肉は安い、ここは高いとかの表現がなされる一方で、加工肉だったらどうするのかといった深いところまでは考察されず、マイナスの部分も非常に多い。

刻々と移り変わる宿泊形態の中で、有馬のまちがさびれないように、地域の魅力を高めるまちづくりを続けている。『風土記』、『日本書紀』、『古事記』にも登場する古い歴史を持った有馬温泉が、全国に約3,000ある温泉の中でお客さんに選んでもらうためには、他にない魅力を持つ必要がある。そのためには、1882年1月に有馬を訪れた英国富豪の妻、レイ婦人の日記に「オーストリアのチロルの街」に似ていると記されたように、有馬温泉のもともとの姿に戻って、美しい自然環境や伝統的な景観を守っていくことが重要になっている。

## 3.2 発地型観光と着地型観光

首都圏から関西、有馬温泉2泊3日の旅というのが、発地型の観光である。企画した旅行者は、30人だったら30人の定員が集まったら儲かるようになっている。旅行者が現地で観光内容を決めて楽しむのが、着地型観光である。外国のホテルに泊まるとわかるように、フロントには「イルカとクルージングツアー」、「レストランとオカマショー」等のたくさんの観光プランが用意されている。有馬温泉でも、現地ツアーをどんどん企画したい。

有馬温泉の地図は、いつも神戸市の右の上にあって、30分で行けるにもかかわらず、篠山も宝塚も西宮も出てこない。甲子園球場を知らない日本の男性はいないし、宝塚歌劇を知らない女性も少ない。首都圏から来た人が有馬で

2泊，3泊しても飽きることがないように，篠山の古民家，宝塚歌劇，西宮の甲子園球場のツアーなど，周辺地域と手を組んで着地型観光を進めていきたい。

着地型観光を進めるにあたって，旅行業法などの法律が邪魔になる。顎は食べること，足は交通機関，枕は寝ることであって，これらに関しては旅行業の資格が要る。地域限定旅行業や第3種旅行業の資格では，有馬温泉のある神戸市に隣接する三田市の観光企画はいいが，篠山市の観光企画はできない。そこで，有馬の若手が隣接市町村への募集型旅行の企画・実施ができる第3種旅行業資格を取って，まず2012年6月，有馬温泉旅館協同組合で第3種旅行業「有馬もうひと旅社」を設立した。ITを活用して活性化を図る神戸岡本商店街観光ツアー，鉄人28号やアニメを中心に活性化を図る新長田商店街ツアー，古民家再生や限界集落活性化の丹波篠山ツアーなど5つの旅行メニューを用意した。地域，地域で面白いプランを作ってくれる人たちとネットワークを結びたい。次に2013年9月，篠山市に「篠山もうひと旅社」という支店を作った。篠山市に旅行取扱責任者がいれば，篠山支店を作るには届出だけでいい。篠山支店では，三田市や丹波市も企画範囲に入れることができる。1つおきに支店を作っていけば，県下全部の旅行企画が可能になる。この発想はまだ日本の中にないと思っている。

国内の募集型企画旅行の企画・実施ができる第2種旅行業の資格を取ったらよいという話になるが，それだと有馬中心になって，篠山や朝来（あさご）のディープなプランはできない。

## 3.3　大規模保養所の閉鎖

宿泊形態の変化以外に大きな問題は，閉鎖される企業や官公庁の大規模保養所をどうするかである。大きな保養所がリゾート会社等の手に渡ると，部屋数が増えるとともに価格破壊とか，提供するサービスの質の低下につながっていく。有馬温泉の格を上げていこうというマスタープランの動きとまったく逆になる。

関西電力が有馬に持っている5,000坪の保養所がその代表例である。現在のリゾートトラストは200室強の建物であるが，もし新たに同業が進出すれば部

屋数が大きく増えてしまう。

　温泉をきちっと提供することを前提に，炭酸水が出るエリアなので有馬サイダーの工場を造るのもありかなと考えている。有馬サイダーは年間30万本売れているが，1本当たり20円の場所代を払うことができたら，年間600万円が生まれ，現在の保養所の規模をそんなに拡大しないでもやっていけるのではないかと思っている。

## 4．阪神淡路大震災からの復興

### 4.1　昼食と温泉

　マスタープランは30年先を目指して作ったが，大阪大学の大久保昌一先生から，「高度情報化社会は最終的に成熟化や高次元化を迎える。成熟化は，コンピュータの詳細なデータと，その反対側にある宇宙や神など，人間の英知で分からないものを同時に求める。高次元化は，利己主義から脱して利他主義やボランティア活動が盛んになる」と教えられた。

　マスタープランを作って，途中でその見直しをする前に阪神淡路大震災が起こった。東日本大震災に遭遇した東北にもなかなか観光客が来ない。有馬温泉も1995年1月17日に地震が発生して，お盆の3日間は人が来てくれたけど，それまでの間は人がまったく来てくれない。ようやく普通の状態に戻ったのは，11月22日～23日の連休からである。

　震災が起こった年の6月，モーターボート（日本財団）から金を出すから1週間で2つのイベントのアイデアを考えよという電話がかかってきた。ちょうどそのころ，神戸の北野町とかは組織だった動きができなかったので，団体で動けるのは有馬温泉ぐらいだった。

　ちょうど六甲開山100年の年だったので，六甲山で阪神間の景色を見ながらジンギスカンを食べて，泊まった人は翌日，有馬温泉で温泉に入ってお昼を食べるという昼食を2回摂る1泊2日の旅を企画した。

　震災以前，バブルがはじけたとはいえ，旅館は結構お客さんが多かった。そのため，有馬温泉の旅館には昼食を出すことがまったく頭になかった。震災で

お客さんが来なくなってはじめて，昼食を出す動きに結びついた。観光客が皆無になったけれど，お風呂に入りに来る人はいる。そういう人を対象に昼食と温泉プランを売ろうとなった。

　神戸市の若手にアイデアを話すと，料金は 3,800 円が限界であろうというので，昼食と温泉をセットにして 3,800 円に決めた。旅館に 3,500 円，300 円をお寺等への復興資金に渡すことにして，7 月初めに 10 軒ぐらいで始めることとして，観光案内所で券を売り出した。最初の頃は何でそんなに安くするのかと散々怒られたが，11 月 22 日〜23 日の連休になると，観光案内所の前で券を買う人の行列ができる状態になった。

　旅館が仕方なしに昼食と温泉プランを実施するようになって，少なくとも日帰りの人は増えた。午後の 2 時，3 時になったら，日帰りのお客さんには部屋から出ていってもらわないといけない。しかし，日帰りで来る人は夕方ぐらいまで有馬でゆっくりしたいから，町中を歩くようになる。町中の人が増えると，今度は店が壊れたところを直して頑張ろうとして，まちが活性化してきた。

　それまで反対していた旅館や，その時は対応できなかった旅館も，昼食を始めるところが出てきて，金額は 3,800 円より高くなったけれど，未だに続いている。

## 4.2　有馬涼風川座敷

　観光客が来ないとどうしようもないのが，マッサージ屋さんと芸子さんである。会社側の手数料と旅館の手数料を削って，通常の 3 分の 2 ぐらいの料金設定をしてマッサージ屋さんも飯が食えるようにしようとしたが，マッサージの人は手に技術があるから，有馬温泉が駄目だったら他に行けばいいと，忙しいところにあちこち移動していくので，あまり協力が得られなかった。

　芸子さんはそうはいかない。ちょうど有馬川の河川工事をしていたので，京都の川床とはだいぶ趣が違うが，「有馬涼風川座敷」と銘打って，芸子さんのビアガーデンを川で 1 カ月間ぐらいやった。ビアガーデンは，それ以来，もう 20 年近く続いている。

　当初は青年部でやっていたが，だんだんやらされている感がしてきて会期も

短くなってくるので，ここ3年，約40日間，観光協会で，屋台は飲食店組合，すき焼きは旅館組合，ゲームは青年部と分けて開いている。売上は1,000万円ぐらいになっている。

### 4.3 太閤の湯殿館

震災によって潰れた極楽寺の庫裏（くり：調理場）の下から，秀吉が造らせた「湯山御殿」の一部と見られる浴室や庭園の跡（太閤の湯殿跡）が出てきた。1999年，跡地を整備して神戸市立の「太閤の湯殿館」が作られた。

震災で大きな被害を受けて，復興を模索していた有馬温泉は，「昼食と温泉」の実施によって一息ついたが，「太閤の湯殿館」が完成して，ようやく有馬の歴史を感じさせる部分に触れたことが，地元の人々の沈んでいた気持ちを再び立ち直らせるきっかけとなり，有馬温泉は本格的な復興に向けて動き出した。

## 5．旅館共同組合，観光協会等の取り組み

### 5.1 掃　除

震災後，とりあえず人はだんだん増えてきた。人が増えると，道が渋滞を起こすようになってくる。本末転倒の動きも出てきて，道を広げろとか，渋滞するのは温泉の奥に駐車場を作ったからだとか，いろいろ雑音がでてくる。

有馬温泉のまちづくりに関わりだしてからも，歓楽地福原で日本最初のエイズ患者が出た。その後は，阪神淡路大震災，新型インフルエンザの発生など，何かしら，神戸ばかりでそんなのが出てくる。しかし観光地では，マイナスの要素をいかにプラスに持っていくかが絶対必要である。

新型インフルエンザが発生したのは，2009年5月の後半であった。キャンセルが相次いだと言いながら，総会後の2次会で1杯飲んでいる時に，やることがないから掃除でもするかということになった。たまたま御所坊で「5S」（整理，整頓，清掃，清潔，躾の運動）に取り組んでいたこともきっかけになった。

お客さんがいつ来てもいいように町中を掃除しようとなったが，こうなるとネットワークが重要になる。親しいメディアの人に電話をかけて，「有馬でこ

ういうことをしようと思うけど，メディアの人はどう取る？」と聞いた。そして，掃除をしている雰囲気をメディアが取り上げてくれると，有馬温泉はまたあんなことでと城崎温泉から怒られたが，知名度は高まった。

## 5.2　ホテル花小路宿

　日本の高級旅館がアジアのリゾートホテルと対比されて，『BRUTUS』などの雑誌で徹底的に叩かれることが多かった。旅館のサービスはお仕着せで，仲居が来て「晩飯は何時に食え」，「朝になったら布団を引っぱがされる」となる。バブル崩壊は温泉旅館の逆風になって，客足が遠退いた。

　そんな中，たまたま休業する旅館があって，その旅館を借りて「ホテル花小宿」を開いた。古い旅館の部屋にはトイレがないので，トイレスペースを確保するために，押し入れをトイレにして，床をフローリングにしてベッドを入れた。

　寝具が布団のときは押し入れを設けることという 1948 年にできた法律があるのが，寝具をベッドにすれば押し入れがいらなくなる。また，ベッドならば「朝になったら布団を引っぱがされる」こともない。食事時間も自由にして，お客さまの好きなときに食べにきてもらうというホテル風のシステムを採り入れた。年配の方に配慮して，女性用の浴室を改造してバリアフリーにした。ちょっと改造しただけで，有馬の町の人たちがくたびれたぼろ屋と陰口を言っていた旅館に人が来るようになった。

## 5.3　ループバス

　旅館組合では，有馬温泉を廻るループバスを運行した。ループバスは大体年間 1,000 万円ぐらいのコストがかかるが，有馬の場合は何とか 250 万円ぐらいの損失で回した。250 万円は，旅館組合が公共施設を借りて，100 円ショップでアイテムをそろえて始めた，素泊まりの宿「小宿とうじ」を経営して得た利益で補った。

　このように損失を穴埋めしつつ，何とかループバスを運営していたが，「小宿とうじ」の業績もだんだん落ちてきて 250 万円を捻出することが難しくなっ

たこともあって，今は運行を休止している。

## 5.4 旅館福袋

旅館組合の案内所の中にコインロッカーがあるが，コインロッカーを福袋に見立てて「旅館福袋」というのを考えた。あの頃は，緊急経済対策として，国の指導によって自治体が実施する「定額給付金」制度があって，1人1万2,000円の給付があった。

そこで有馬温泉全体を1つの旅館に見立てて，1人2万円以上の扱いを実施するとして，ペア限定で1人1万2,000円，2人で2万4,000円の福袋を売った。部屋のキーはコインロッカーに入っているので，有馬温泉のどの旅館や部屋に当たるかは福袋で決まる。

このプランをやったら，観光案内所に連日連夜電話がかかってきて，4つの回線が1週間続けて赤いランプがつきっぱなしとなり，一般業務が一切できないぐらい人気があった。観光案内所の女性陣から総スカンを食らったが，これはいつか使えると思っている。

## 5.5 有馬湯巡り

白骨温泉の温泉疑惑というのがあったときに，そのうち有馬にも来るかなということで対策を考えておこうと思っていたら，案の定，有馬温泉にも飛び火して情報開示をすることになった。情報開示をするにあたって，1軒だけ温泉が引かれていない旅館があったので，その救済の目的もあって外湯巡りの「有馬湯巡り」ができるようにした。

旅館は，一企業とは取引をしないということだったけれど，組合とだったらできる。それではということで，組合で外湯券を売ることにした。外湯券を使ってくれる旅館には，傘と篭を作って配った。雨の時期だから，「有馬湯巡り」のPR用幟（のぼり）だというへ理屈で傘を作った。だんだん組合の会計が良くなってくると，今度は旅館の方から，あの傘がよかったからみんなで傘を作ろうということになり，「有馬湯巡り」のPR用の傘が有馬温泉街専用傘に発展した。

## 5.6 有馬玩具博物館

　まちが活気づいてくると，文化的な香りが求められる。古い蔵を利用して，震災後の有馬温泉をそぞろ歩きしていただこうと，1997年に「ギャラリーレティーロ・ドゥロ」を作った。ギャラリーを作ったら，たまたま，おもちゃが好きだったこともあって，いろんな作品が集まるようになり，次におもちゃのミュージアムを作ることになった。それが，「有馬玩具博物館」である。

## 5.7 床机

　2006年11月23日の祝日，有馬の中心街にある「湯本坂」を歩行者天国にすることになった。歩行者天国を行うとなると，バンドを入れて音楽をやろうという発想になるが，それをすると，せっかくの休日に騒がしいと一般の住宅から文句がくる。音を出さないで，なおかつ歩行者天国を実現する方法はないかを考えて，床机（しょうぎ）を歩行者天国の通りに置いた。

　それに合わせて，床几の飾り付けをして思わず座りたくなる床几を競う「床机デコレーションコンテスト」を行った。座りたくなるような飾り付けをした床机を置いておけば，だんだん既成事実ができて，歩行者天国が続くようになればいいという思惑もある。

## 5.8 有馬山椒

　現在の行政区画にとらわれすぎてはよい発想が思いつかない。特産品を考える場合は特にそうである。

　有馬温泉のある神戸市北区有馬町は非常に狭いエリアであるが，昔は有馬郡として宝塚の手前ぐらいから三田，篠山の手前まで大きな面積を持っていた。この地域には山椒が自生しており，昔から，イワシの有馬煮とか，鳥の有馬焼きとか，山椒を使った料理が有名であるが，その山椒をもう一度有馬の特産物にしようと，有馬の山に山椒の木を植えるプロジェクトをやっている。

　有馬のどこで山椒が採れたのかと問われると答えることは難しいが，有馬のDNAを持った山椒を増やそうと，六甲山からマッチ棒ぐらいの有馬山椒の原種を採ってきて育てている。山椒は，歌を歌いながら葉っぱを採ったり実を採

ったりすると枯れると言われるくらい根が弱い。根元を踏むと良くないので，根の強い犬山椒に接ぎ木をして大きくしている。2009年から始めているが，来年やっと100本に増える。神戸ビーフがA級だとしたら，山椒を使った焼きそばをB級として，B級グルメの食品として有名にしたい。

# 6．まちづくり

## 6.1 昔風の町並み

　他の温泉地では，先にこういう風にしましょうと決めて，みんなで補助金をもらいながら何とか変えていくというスタイルであるが，有馬の場合はずっと自主的にやっていった。

　白木風の和菓子屋がいいと思っていた店主が，お店を昔風に真っ黒にして手焼きのせんべいを焼くようになると，人がどっと押し寄せる。それではと，向かいのお好み焼き屋が，それまではピカピカ光る「営業中」や「生ビール」の幟を立てていたところをベンガラ風に外観を変えてくる。そうすると，旅館の従業員しか行かなかったお好み焼き屋に観光客が入るようになる。昔風にお店を変えてうまくいった店主は，今度は隣の洋服屋に「あんたのところはもっとこういうふうにしろ」とお節介するようになる。そういった動きがだんだんと広がって，後追いで町並みが整ってきた。

　昔風の整った町並みができたのは，たまたま「花小宿」の改造を行った設計士を，次から次へと違うお店に紹介してきたことと，町の人たちが早めにその方が儲かるということがわかって景観規制条例を作ったことが原因である。著名な方が，じゃあ，そば屋を出すわと有馬に来てくれるようになってきた。

## 6.2 トイレ標識

　マスタープランを作るにあたって，地元の人に何が緊急課題かと聞いたら，トイレだという。でも今の時代，行政は公衆トイレなんて費用のかかるものは造らない。一般の観光客はどう考えているのか知りたくて，2013年5月のゴールデンウィークの最中，大学の先生の力を借りて，観光客300人を対象にアン

ケート調査を行った。有馬温泉に来てトイレが見つからなくて困った人は，300人のうち46人，比率は15.5％。問題点に，トイレが無い，表示がわからない，混んでいたという3点を挙げる人がほとんどだった。

しかし，町中には結構トイレがあり，旅館や飲食店は大体トイレを持っている。一方，土産物屋でトイレを作っているところは少なく，どうしてもトイレに行きたかったら，飲みたくないコーヒーを飲むとか，そんなことで店に入る人も多い。

正直言ってトイレを必要とする人は，あまり有馬でお金を落としていない。お金を落とさない人にどう対応していくのかという問題でもあって，トイレの表示とか，バス停の移転とか，一方通行とか，何とかソフト的に解決したい。そこで，トイレ問題は案内標識の設置で解決できるのではないかと考えた。

行政はトイレを造るのを嫌がるけど，神戸市は行政施設に市民トイレを作り，一応誰でも入れるようにしている。大阪市に市民トイレがあるのかどうかわからないが，少なくとも草津温泉にはない。ただ，市民トイレには使用しにくくするようなバリアがある。男と女マークのブルーと赤でいいのに，市民トイレのマークは渦巻きで誰が見たってトイレとわからない。そこで，市民トイレの場所がわかるようにトイレマークを作って，金の湯まで何百m，銀の湯まで50mとかの標識を作った。観光案内版にも，シールを作って貼った。

また，トイレの問題をもう一ひねりしてやろうと，施設と手を組んで障害のある人にトイレを管理してもらう話を進めている。そういう人たちにユニフォームを着てキチンと掃除をしてもらうと，汚す人も少なくなると思う。

## 6.3　有馬温泉ゆけむり大学

有馬は有権者の人口2,000人ぐらいの町なので，どうしても若手とか，実際に動く人が少ない。そこで，色々なイベントを学生や外部の力を借りて行っている。学生の視点は，ずっと有馬にいる者の視点とは違う。また，イベントを通じて有馬温泉のサポーターになった若者が，いずれ社会人になってお客となって有馬に来てくれることが期待できる。

有馬温泉の活性化を目的に，有馬温泉観光協会と近隣の4大学の先生や学生

と 2010 年から始めた「有馬温泉ゆけむり大学」では，大学生に関わってもらって色々な試みをやっている。

大学生が卒業旅行とかで旅行しやすい春や夏のシーズンは，温泉は比較的オフなので，大学生による大学生のための卒業旅行パンフレット作りをしている。

11月最後の土曜日には，ヨーロッパ並みにクリスマスイルミネーションを作ろうと，大学の先生や学生に，有馬小学校のPTAのお父さん方や子供たちも加わって，約1,300個のペットボトルをつなげて点灯できるクリスマスツリーを作っている。

有馬温泉は，温泉の湧き出ているところに人が集まり，道ができている。三木市からは湯山街道があり，大河ドラマに登場する黒田官兵衛は幽閉されていた伊丹の有岡城から戸板で有馬温泉に運ばれてリハビリをしている。まちの中も獣道と一緒で，碁盤の目の道とか，真っすぐな道は通っていない。もともと車社会ができる前から存在していた道であるから，至るところに路地がある。まちづくりを考える上で，細くて真っすぐでない道がネックになっていることは事実である。

大学生の視点が面白いと感じたのは，有馬の道に関する感じ方だった。路地裏が非常に興味深いという意見と，それともう1つ，路地裏がこの先どうなっていくのかわからないから不気味だという意見が出された。

じゃあ，路地裏にアートを飾ろうと「路地裏アートプロジェクト」を始めた。もっとも，最初に「路地裏アートプロジェクト」をやったときは，有馬の人にアートに関心のある人は少なく，継続することが難しかった。プロデュースをしてくれた人も，もう来年はしないと言っていた。ただ，路地裏を活用して半年間もアートの展示をするというのは日本ではあまり例のない試みであって，あちこちにその人が呼ばれて，「路地裏アートプロジェクト」の話をさせられる。やめるにやめられなくなって2～3年続いている。

人があまり通らない路地には，夏になると雑草が茂るけれども，2年目の夏になると雑草は茂らない。そこを人が歩くと，これでは格好悪いからと近所のおばちゃんが朝早くに雑草を抜いてくれるからだ。そのうち，ブリキ色の手すりを黒く塗って，竹でも付けて綺麗にしようかとする例も生まれてくる。この

試みは，いいか悪いかという答えがすぐに出るので非常にわかりやすく，若い人たちに景観に対する考え方を作るのによい例であった。

### 6.4 国際交流

水害にあったブータンのガザ温泉の復興の手伝いをしている。ブータンの大臣から，洪水で流出したガザ温泉の復興のために有馬の技術を教えてくれと言われ，2010年3月，ブータンに行った。ブータンは唐辛子の料理が多いので，ブータンで唐辛子を栽培しましょうと提案してきた。いずれ日本国中の焼鳥屋かウナギ屋に，ブータンの一味と有馬山椒が流通するようになったらいい。

他にも，ブータンで採れる松茸が利用できないか考えている。有馬温泉は歴史が長いので，有馬の何とかという表現がたくさんある。「有馬の湯の談合」は，最近の広辞苑には載っていないが良からぬ謀事をすることをいう。「有馬の人形筆」は，出たり入ったりする身持ちの悪い嫁さんのことをいう。「有馬の引き物」は，薄いものの代名詞に使われる。仁西上人が吉野の木地師を連れてやってきたのでろくろ細工が盛んで，非常に薄く木を引くことができたことに由来する。有馬には「松茸昆布」という名物があるが，「松茸昆布」の中にも「有馬の引き物」というぐらい薄く，かみそりで割いたのかというぐらいの松茸が入っている。

ブータンでは松茸がたくさん採れ，1 kg 300円と非常に安い。ただ，ブータンの松茸の収穫時期は8月後半で，雨に当たりやすく，また，タイでトランジット（積み替え）する関係から，日本に着いたころには腐る可能性が高い。向こうで松茸の水煮工場を造って輸入するのであれば，事業として成り立つ可能性がある。

## 7．有馬八助商店

### 7.1 てんぷら屋「有馬市」

最初のマスタープランを担当したプランナーの宮西悠司さんから「まちづくり会社を作れ」と言われていた。ちょうど，会社を作って失業した人を雇っ

ら給料のいくらかが補助されるとか，そういう時代だったので，年に1回ぐらい飲み会をすることを目標に，たまたま若手が集まった時に声をかけ，明日40万円ずつ持ってこいと言って，僕を入れて8人で合資会社「有馬八助商店」を作った。

8人集まったから「八助」としたが，空き店舗で何をするかの話になった。阪急六甲駅前に震災前，店の親父がすり身を練って，その場で揚げて食べさせてくれる居酒屋があったが，それが結構おいしかったので，練り製品のてんぷらを売ろうということになった。

「有馬市」のせんべいとかまんじゅうといったら，有馬ナンバーワンのように聞こえるし，市場のように活気を持たせたいという思いから，店の名前に「有馬市」という名前を付けた。

すり身の天ぷらを旅館の割りばしに刺して和風ファストフードとして売り出すと，結構売れるようになった。すり身を卸しているメーカーは，有馬で考えたシステムをお伊勢さんに持ち込んでそこでも結構賑わっている。

## 7.2 有馬サイダー

2002年，これが有馬だという商品をいずれ作りたいということで，1926（大正15）年に販売を終了した「有馬シャンペンサイダー」を再現し，76年ぶりに復刻発売させたのが「ありまてっぽう水」（後に「ありまサイダーてっぽう水」に改称）である。レトロな大砲のトレードマークは，明治時代のビン詰め炭酸水「てっぽう水」のものを取り入れて8人の中の1人が描いた。こういう遊び心を加えながら生まれた「有馬サイダー」がヒット商品になった。

1年間で2,000本が売り切れたらいいというところからスタートした。見本品を作ってもらうが，8人が集まったら，甘い，甘すぎる，いや，甘みが足らんとか好き勝手なことをいう。そのうち，担当している酒屋の子も，じゃあ次といって実は同じものを持ってくる。その時の気分で甘いとか甘くないとか言っていただけで，実はよくわかっていなかったのだ。

サイダーを作ろうとした時は，炭酸飲料が売れないときで，微炭酸がトレンドであった。反対に，昔のサイダーは飲むと「げっぷ」が出た。そこで，思い

っきり炭酸ガスを入れたらどうだということになった。シャンパンは4,000 ppm の炭酸ガスが入っている。有馬サイダーは 6,000 ppm に決め，瓶の限界近くまで炭酸を入れることにした。

炭酸ガスが強いので，子供が一気に飲めなくてしかめっ面をしているのを，お父さんがにこにこ笑っていたりする。コーラは一気飲みできるけど，有馬サイダーは一気飲みできないと「探偵ナイトスクープ」で放映されると，また，ガパっと売れる。

サイダーそのものではなくて，サイダーを飲むことを売った。「地サイダー」ブームを作ったのは「有馬サイダー」だと思っているし，未だに年間30万本が売れている。

## 7.3　花博と玩具

淡路島で花博があったが，有馬の観光協会，旅館組合としては打つ手がないから，花博からの集客を「有馬八助商店」で引き受けることになった。

大型旅館の人は，とにかくバスを会場から出せという。ところが最初からそんな路線が組み込まれていないので，バス停にバスを付けられない。バスのチケットを売ったり案内するために，淡路で店舗を構えないといけなくなった。

僕は飲食店でいったらいいかなと思ったが，「有馬玩具博物館」の物産展を出店することになった。物産展を出店すると，家賃は要る，売上の20%を出さないといけない，明石大橋の交通費もばかにならない。いくら安く分けてもらっても，炭酸せんべいを1,000円で売ったって，絶対合わない。

そのころ「おもちゃ博物館」を作ろうということで，ドイツのニュールンベルグで開かれた世界的なおもちゃメッセに行って，おもちゃのコーナーにずっといた。すると，たまたま花博のキャラクターに似たおもちゃがあった。天井に付けたらパタパタと回るやつで，いくらと聞いたら結構安い。清水の舞台から飛び降りたつもりで，1コンテナ400～500万円分を仕入れた。

花博は6カ月だったが，3カ月たたない間に売り切れた。1個150円ぐらいのおもちゃを1,000円くらいで売ったから，めちゃくちゃ儲かった。観光協会で今度は台湾に行こうと，みんなで台湾に行った。あれもこれもと新しいおも

ちゃを仕入れて，1コンテナ買って帰った。花博は，学校等にチケットを割り当てるから，遠足なんかで最初の3カ月はお客が来るが，後半の3カ月は皆目来ない。在庫の山のように残ったおもちゃを，何年間かは祭りの景品として使ったが，後半になったら電池が切れてどうしようもない。そんなこともあった。

## 7.4 新商品開発

　今は，「八つ橋」よりも「生八つ橋」のほうが売れる。「もみじ饅頭」からも「生もみじ饅頭」が出た。「生炭酸せんべい」があってもよいのではないか。ただ，土産物にしようと思ったらせめて1カ月，できれば3カ月ぐらいもたないといけないが，今，生の炭酸せんべいは1カ月で変質してしまうのでもう一工夫いる。

　「有馬サイダー」が年間30万本売れているが，若い頃に開かれた大阪万博でフローズンコーラを飲んで衝撃的だったので，「有馬サイダー」でフローズンを作ったらどうだろうということになった。ヤフーオークションで，13年前に製造中止になった6万円の中古機械を見つけ，苦労して修理して何とか「フローズンサイダー」を作った。この春先から，本格的に売ってやろうと思っている。ソフトクリームより取り扱いが簡単で，提供できるスピードが早い。

　「生炭酸せんべい」は「阿闍梨餅」みたいな感触がある。「生炭酸せんべい」も「フローズンサイダー」も，1回口にすると，今までにない食感なので目がぱっと輝く。この2つはいけるんじゃないかなと思う。

　1986年にオープンし，27年以上続いている「カフェド坊（Café De Beau)」という喫茶店（ケーキ屋）がある。喫茶店は，最近は以前ほど元気がない。中身は普通のコロッケでも，古い商店街で肉屋さんがコロッケをやっていると売れる。1日1,000個とか，結構売れる。そういう意味では客層が落ちてきた。

　一方，有馬温泉の新しい特徴として，若いおしゃれな山ガールといわれる人が非常に増えてきた。残念ながら，温泉の宿泊客はそんなに増えていないし，宴会客も少ない。各地にスーパー銭湯ができて，温泉が決して非日常的な場所ではなくなってしまったからだ。

　しかし，例えば金婚式だとか，古希の祝いだとか，何だとかの時用に「カフ

ェド坊」で「メモリアルケーキ」を作ってはどうかと考えている。春節祭に台湾のお客さんが来るころに実験してみたい。

## 8．課題と展望

### 8.1　組織の難しさ

　有馬温泉は旅館の料金が高いからとか，どこどこの温泉の方がよいといつも言われる。料金が高くなっている原因の1つに，150円の入湯税がある。これは市の目的税で，本来，例えば人口1,500人の村に温泉が湧いて週末になったら1,500人お客さんが来るとしたら，人口3,000人になる。そうすると，消防とか，下水道とか，上水道のインフラ整備が追い付かないのでそういうために使う目的税であるが，有馬温泉に入る年間2億円近くの入湯税は，神戸市の一般会計に入ってしまう。

　城之崎温泉等では，温泉で町が成り立っているので，入湯税はさらに観光客を誘致するようなかたちで使われる。人口7,000人の草津温泉も，入湯税を観光客誘致にどんどん使う。しかし，大都市である神戸市ではそれがなかなかできない。だから，自分たちでまちづくり会社を作って，自分たちで資金を作ってまちづくりをする必要がある。

　「有馬八助商店」もそういう目的で作った。花博の仕事をなぜ「有馬八助商店」が受けられたのかというと，法人格があるからだった。やっぱり法人格を持っていないと何もできない。旅館組合は会費が集まらないため，法人格を持って労働力確保法の助成金をもらいつつ何とか維持している。観光協会も社団法人になった。自治会やNPOも法人格が得られるようになり，各組織が法人格を持ち始めた。

　そうなると，今まで村の寄り合い所帯で物事を決めていたので，きちんと組織にしていくと，何となく溝ができてしまう。亀裂が入ったとしても亀裂を埋めながら，まちづくりを進めていく必要がある。

## 8.2 ブランド価値

　助成事業として，来年の2月まで，有馬温泉のガイドツアーのための調査事業をやっている。有馬温泉ならではの歴史とか効用など，そういう内容をガイドする必要がある。

　何でそんなことをするのかというと，日本人は，ついこの間まで旅の動機の一番が温泉だったが，今は一番の動機はおいしいものを食べにいくことに替わっているからだ。しかし，世界中で一番時間があって旅行する時間を持っているフランス人の旅行動機は食ではなく，知的好奇心を満足させるためである。

　これを見ても，今後の旅館は，人々の知的好奇心を満足させる温泉でなければならない。竹田城がいい例である。城跡以外には特にコレという特徴のないところであるが，たくさんの人が押し寄せている。

　そのためにも，首都圏の人に，温泉に行くのだったらぜひ有馬の湯に入りたいと言われるように，有馬温泉のブランド化を進める必要が生じている。

　問題は残されている。温泉法は1948年にできているが，先に述べたように非常に特殊な温泉であって，他の多くの温泉とはまったく違う湧き方をしているので，一般的な法律の網にかけられると対応できず，有馬独自の管理方法を作らないとやっていけない。だから，今回の事業には県の薬務課の人たちも交えてやっている。

## 8.3 お墓プロジェクト

　密かに考えていることだが，有馬温泉にお墓を造るといったら結構反響があった。いろんなことをやってはいるが，保養所とかその辺の空いた土地を使うのに最終的に何がいいかといったら，お墓が最有力候補である。有馬だったら人が集まりやすいと意外と評判が良かった。

　スイスのヴァルスという温泉地に，スイスの安藤忠雄と呼ばれている人が設計したモダンな建物がある。安藤忠雄さんは景観を生かしたお寺を設計している。日本の従来の暗いイメージのお墓じゃなくて，地中なんかに永代供養みたいなかたちの墓地を造ってはどうかと考えている。

　病院がなかった時代は，黒田官兵衛もそうであるように，有馬温泉で最期を

迎えることが多かった。昔はもっと多かったが，有馬には現在でも1 kmの三角形の中に7カ寺の各宗派のお寺がある。有馬に来てもらうと，7カ寺あるから毎日違うお経が聞ける上，法事は旅館やホテルで開けるので，集まりやすく，土地の効率からもよい。

#### 参考文献

有馬温泉旅館協同組合/有馬温泉観光協会公式サイト（http://www.arima-onsen.com）。
有馬温泉陶泉御所坊公式サイト（http://goshoboh.com）。
有馬温泉御所坊グループ公式サイト（http://www.goshobo.co.jp）。
有馬温泉ディープな情報サイト有馬里（http://alimali.jp）。
地域活性学会支部活動（http://www.hosei-web.jp/chiiki/shibu/index.html）。
テレビ朝日奇跡の地球物語（http://www.tv-asahi.co.jp/miracle-earth/backnumber/20131201/）。

※本稿は，2013年11月30日，グランフロント大阪タワーC（北館）関西大学うめきたラボラトリで開催された地域活性学会近畿支部における金井啓修氏の講演内容を要約したものである。文責：関西大学 橋本行史。

# 索　引

## A-Z

CLT ……………………………………78
DMO …………………………………62
Gross National Happiness（国民総幸福）
　　…………………………………11
JNTO …………………………………60
LCC ……………………………………60
MICE …………………………………60

## ア

アウトバウンド型 …………………143
新しいガバナンス …………………161
新しい公共サービスの担い手 ……162
アベノミクス …………………………1
一極集中 ……………………………165
インターネット ……………………189
インバウンド型 ……………………143
営業費用 ……………………………137
淡河町ゾーンバス …………………157
オープンスカイ ………………………60
おらがバス（マイバス）意識 ……159

## カ

海外展開支援 ………………………143
回転翼機 ……………………………115
抱え込み ……………………………189
貸倒費用 ……………………………137
家族経営 ……………………………181
過疎地有償運送 ……………………158
　　───運営協議会 ………………158

過疎法 ………………………………168
課題先進国 ……………………………4
貨幣のない社会 ……………………133
観光圏 …………………………………62
観光消費統計 …………………………55
観光地域プラットフォーム …………65
観光庁 …………………………………57
観光まちづくり ………………………65
観光立国 ………………………………55
　　───懇談会 ……………………55
　　───推進閣僚会議 ……………58
　　───推進基本法 ………………57
規格大量生産型製造業 ………………13
規制・制度改革 ………………………4
救急医療用ヘリコプター …………115
救急ヘリ病院ネットワーク ………118
行政施策 ………………………………93
金融の加速，増幅効果 ……………134
金融のない社会 ……………………133
金利収支差額 ………………………136
クール・ジャパン …………………143
景観規制条例 ………………………198
広域医療搬送 ………………………123
広域運用 ……………………………130
広域災害・救急医療情報システム …115
公営コミュニティバス ……………153
公共建築物の木造化 …………………74
高校生ビジネスプラングランプリ …142
構造改革特区 …………………………25
　　───制度 ………………………15
交通空白地域 ………………………148

交通困難地域 …………………… 148
交通弱者 …………………………… 148
国際交流 …………………………… 201
国民経済計算 …………………… 134
孤族 …………………………………… 14
国家戦略特区 ……………………… 15
コミュニティ ………………… 14, 165
　──バス ……………………… 154
ゴールデンルート ……………… 62
コンパクトシティ …………… 169

## サ

災害医療 …………………………… 122
災害救援航空機情報共有ネットワーク
　（D-NET） ……………………… 125
災害救援航空機統合運用システム …… 125
災害派遣医療チーム（DMAT）… 115, 122
財政制約 …………………………… 181
財務構造 …………………………… 136
酒蔵ツーリズム …………………… 64
産業観光 …………………………… 64
産業競争力強化法 ………………… 4
時間先取り ……………………… 135
自主・自立・自考 ……………… 24
市町村営バス …………………… 150
資本性ローン …………………… 143
需給調整規制 …………………… 147
小規模企業 ……………………… 140
　──振興基本法 …………… 140
条件不利地域 …………………… 166
消防防災ヘリ …………………… 119
人口減少 ………………………… 141
人財ネットワーク ……………… 35
森林資源 ………………………… 69
森林セラピー …………………… 79
森林蓄積量 ……………………… 72

森林浴 ……………………………… 79
住吉台くるくるバス …………… 154
政策金融 ……………………… 38, 39
精神的価値 ……………………… 170
政府系金融機関 ………………… 135
生物多様性の維持 …………… 70, 72
全国都市再生モデル調査 ……… 156
創業支援プログラム …………… 142
創業・ベンチャー支援 ………… 141

## タ

大学 ……………………………… 199
　──生 ………………………… 200
待機児童解消加速化プラン ……… 4
醍醐コミュニティバス ………… 154
第3種旅行業資格 ……………… 191
脱公営型コミュニティバス …… 154
地域 ………………………………… 39
　──SNS ………………………… 99
地域活性 …………………………… 86
地域活性化 …………………… 1, 10
　──システム論 ………… 15, 20
地域活性学会 ……………………… 16
地域経済 …………………………… 37
地域公共交通会議 ……………… 158
地域再生 …………………………… 25
　──法 …………………………… 16
地域情報化 ………………………… 94
地域振興 …………………………… 38
地域政策 …………………… 38, 40
　──研究 ………………………… 38
地域の概念 ……………………… 168
地域の絆 …………………………… 30
地域ブランド …………………… 140
知価社会 …………………………… 13
地球温暖化の防止 ……………… 70

索　引 | 211

知の拠点 …………………………20
　──整備事業 …………………19
地方財政論 ………………………41
地方バス路線維持補助 …………151
着地型観光 …………………64, 190
中山間地域 ………………………165
長期債務残高 ……………………169
提案制度 …………………………25
電子自治体 ………………………85
伝統 ………………………………190
ドイツの林業 ……………………81
道路運送法改正 …………………147
特産物 ……………………………197
ドクタージェット ………………123
ドクターヘリ ……………………116
　──推進議員連盟 ……………118
　──特別措置法 ………………116
　──普及促進懇談会 …………118

■ナ

二極化 ……………………………165
21条バス …………………………151
日本医師会災害医療チーム（JMAT）
　…………………………………123
日本経済再興プラン ……………58
日本再興戦略 ………………3, 142
日本政策金融公庫 ………………135
日本のふるさと再生特区 ………15
ニューツーリズム ………………62
乗合バス …………………………146

■ハ

配当 ………………………………137
80条バス …………………………150
発地型観光 ………………………64

阪神淡路大震災 …………………192
東日本大震災 ……………………192
ビザ免除 …………………………55
ビジット・ジャパン・キャンペーン
　（VJC）…………………………55
ブランド …………………………206
法人税 ……………………………137
訪日外国人旅行者数 ……………55
ポジティブ・オフ運動 …………61
補助金 ……………………………198

■マ

マイバスの意識 …………………155
マスタープラン …………………185
マス・ツーリズム ………………171
まちづくり ………………………189
町並み ……………………………198
民営免許システム ………………148
メディア …………………………194
木材の効用 ………………………73
木材利用ポイント制度 …………74
木質バイオマス ………………75, 82
　──発電 ………………………76
木質ペレット ……………………77

■ヤ

夕張市 ……………………………167
余暇 ………………………………172
4条バス …………………………150

■ラ

ライフスタイル変革 ……………141
リゾート …………………………191
6次産業化 ………………………166
路地裏 ……………………………200

《著者紹介》（執筆順）

**舘　逸志**（たち・いつし）担当：第1章
　国土交通省大臣官房審議官。

**御園愼一郎**（みその・しんいちろう）担当：第2章
　大阪大学招へい教授，元内閣審議官（地域再生担当）。

**原田輝彦**（はらだ・てるひこ）担当：第3章
　関西大学政策創造学部教授，元日本政策投資銀行設備投資研究所主任研究員。

**瀧本　徹**（たきもと・とおる）担当：第4章
　日本介護事業連合会理事，元観光庁観光地域振興部長。

**末松広行**（すえまつ・ひろゆき）担当：第5章
　東京農業大学客員教授，農林水産省農村振興局長。

**藤田昌弘**（ふじた・まさひろ）担当：第6章
　特定非営利活動法人情報化連携推進機構代理事。

**羽原敬二**（はばら・けいじ）担当：第7章
　関西大学政策創造学部教授。

**横山典弘**（よこやま・のりひろ）担当：第8章
　日本政策金融公庫特別参与，元内閣官房地域活性化統合事務局次長。

**樋口浩一**（ひぐち・こういち）担当：第9章
　（株）OMこうべ渦森会館長。

**橋本行史**（はしもと・こうし）担当：第10章
　編著者紹介参照。

**金井啓修**（かない・ひろのぶ）担当：第11章
　御所坊主人。

《編著者紹介》

**橋本行史**（はしもと・こうし）

1953年兵庫県生まれ。
京都大学法学部卒業。神戸大学大学院経営学研究科修了。博士（経営学）。神戸市総務局職員部主幹を経て，甲子園大学助教授・同教授，京都女子大学教授。現在，関西大学政策創造学部・同ガバナンス研究科教授。日本地方自治研究学会常任理事，地域活性学会理事。

（検印省略）

2015年1月20日　初版発行
2015年9月20日　二刷発行　　　　　　　　　　　　略称－地方創生

# 地方創生の理論と実践
－地域活性化システム論－

編著者　橋 本 行 史
発行者　塚 田 尚 寛

発行所　東京都文京区春日2-13-1　株式会社　創 成 社

電　話　03（3868）3867　　　ＦＡＸ　03（5802）6802
出版部　03（3868）3857　　　ＦＡＸ　03（5802）6801
http://www.books-sosei.com　　振　替　00150-9-191261

定価はカバーに表示してあります。

©2015 Koshi Hashimoto　　　組版：緑 舎　　印刷：エーヴィスシステムズ
ISBN978-4-7944-3158-5 C3033　　製本：宮製本所
Printed in Japan　　　　　　　　落丁・乱丁本はお取り替えいたします。

## 経済学選書

| 書名 | 著者 | 種別 | 価格 |
|---|---|---|---|
| 地方創生の理論と実践 —地域活性化システム論— | 橋本 行史 | 編著 | 2,300 円 |
| 地域発展の経済政策 —日本経済再生へむけて— | 安田 信之助 | 編著 | 3,200 円 |
| 地方分権と医療・福祉政策の変容 —地方自治体の自律的政策執行が医療・福祉政策に及ぼす影響— | 横川 正平 | 著 | 3,300 円 |
| 福祉の総合政策 | 駒村 康平 | 著 | 3,000 円 |
| グローバル化時代の社会保障 —福祉領域における国際貢献— | 岡 伸一 | 著 | 2,200 円 |
| 環境経済学入門講義 | 浜本 光紹 | 著 | 1,900 円 |
| 中国企業対外直接投資のフロンティア —「後発国型多国籍企業」の対アジア進出と展開— | 苑 志佳 | 著 | 2,800 円 |
| 「日中韓」産業競争力構造の実証分析 —自動車・電機産業における現状と連携の可能性— | 上山 邦雄<br>郝 燕書<br>呉 在烜 | 編著 | 2,400 円 |
| マクロ経済入門 —ケインズの経済学— | 佐々木 浩二 | 著 | 1,800 円 |
| 現代経済分析 | 石橋 春男 | 編著 | 3,000 円 |
| マクロ経済学 | 石橋 春男<br>関谷 喜三郎 | 著 | 2,200 円 |
| ミクロ経済学 | 関谷 喜三郎 | 著 | 2,500 円 |
| 入門経済学 | 飯田 幸裕<br>岩田 幸訓 | 著 | 1,700 円 |
| マクロ経済学のエッセンス | 大野 裕之 | 著 | 2,000 円 |
| 国際公共経済学 —国際公共財の理論と実際— | 飯田 幸裕<br>大野 裕之<br>寺崎 克志 | 著 | 2,000 円 |
| 国際経済学の基礎「100 項目」 | 多和田 眞児<br>近藤 健児 | 編著 | 2,500 円 |
| ファーストステップ経済数学 | 近藤 健児 | 著 | 1,600 円 |
| 財政学 | 小林 威<br>望月 正光<br>篠原 正博<br>栗林 隆<br>半谷 俊彦 | 監修<br>編著 | 3,200 円 |

(本体価格)

創成社